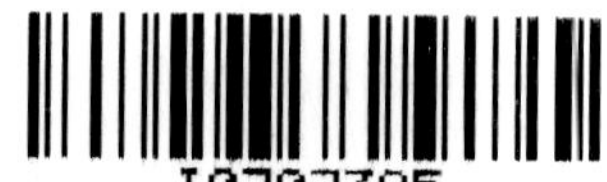

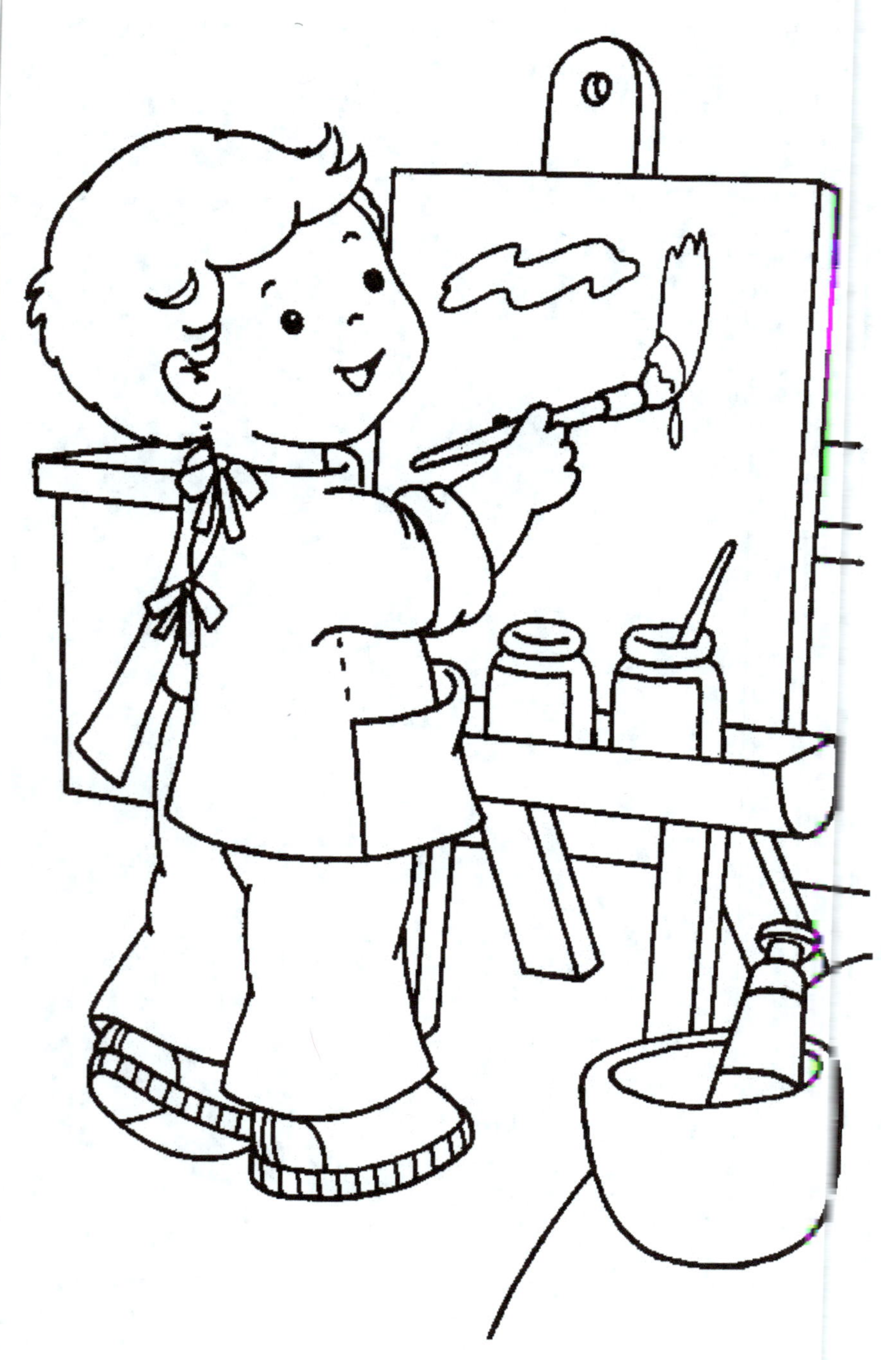

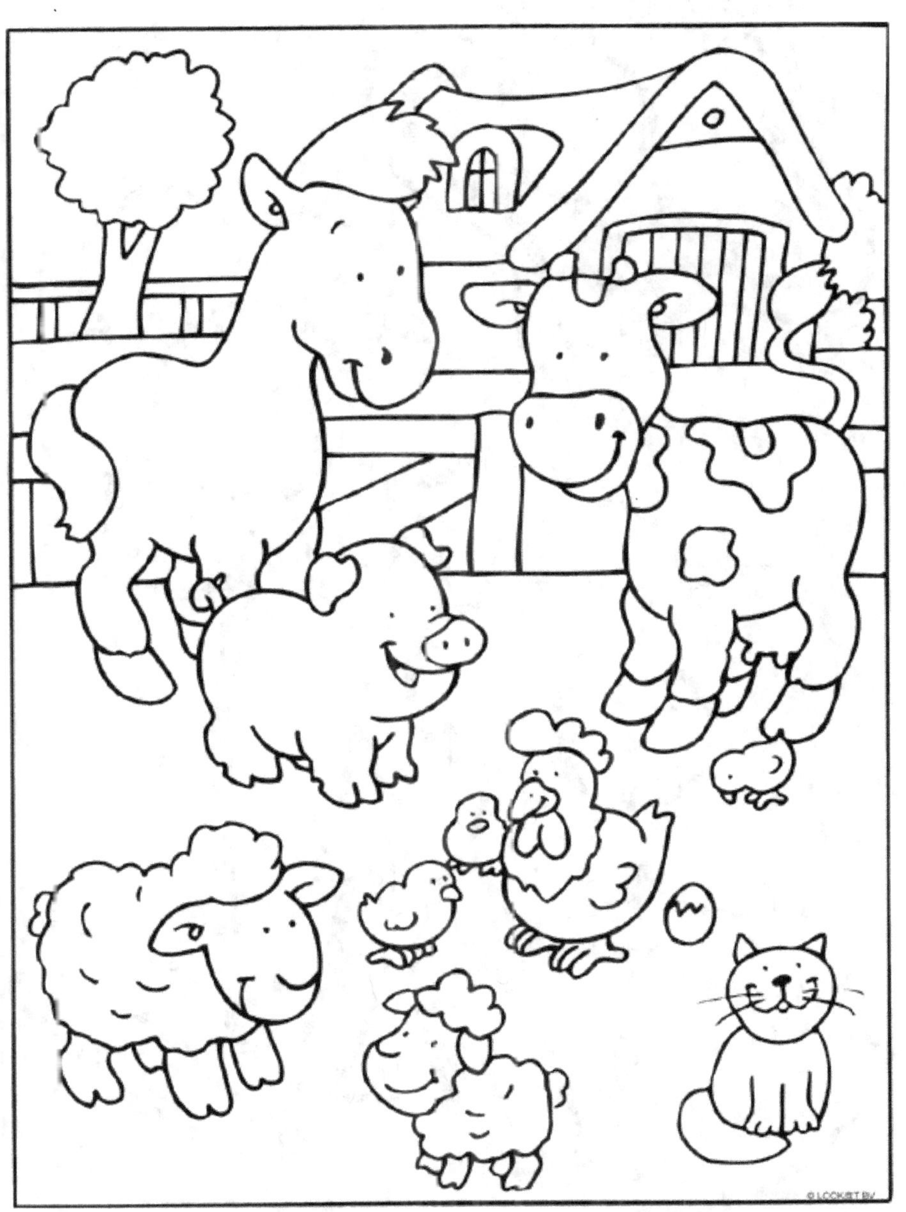
© LOOKT.BV

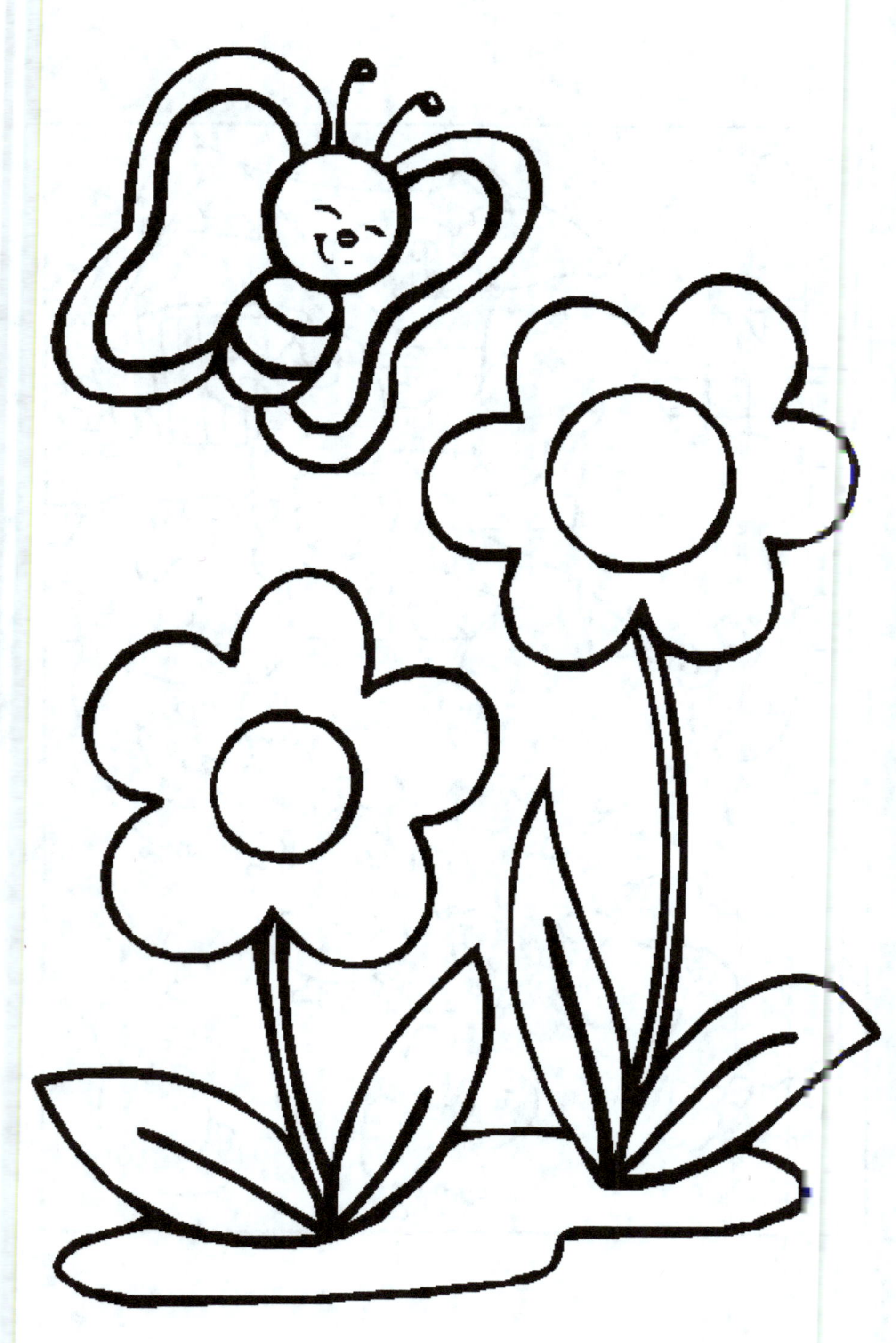

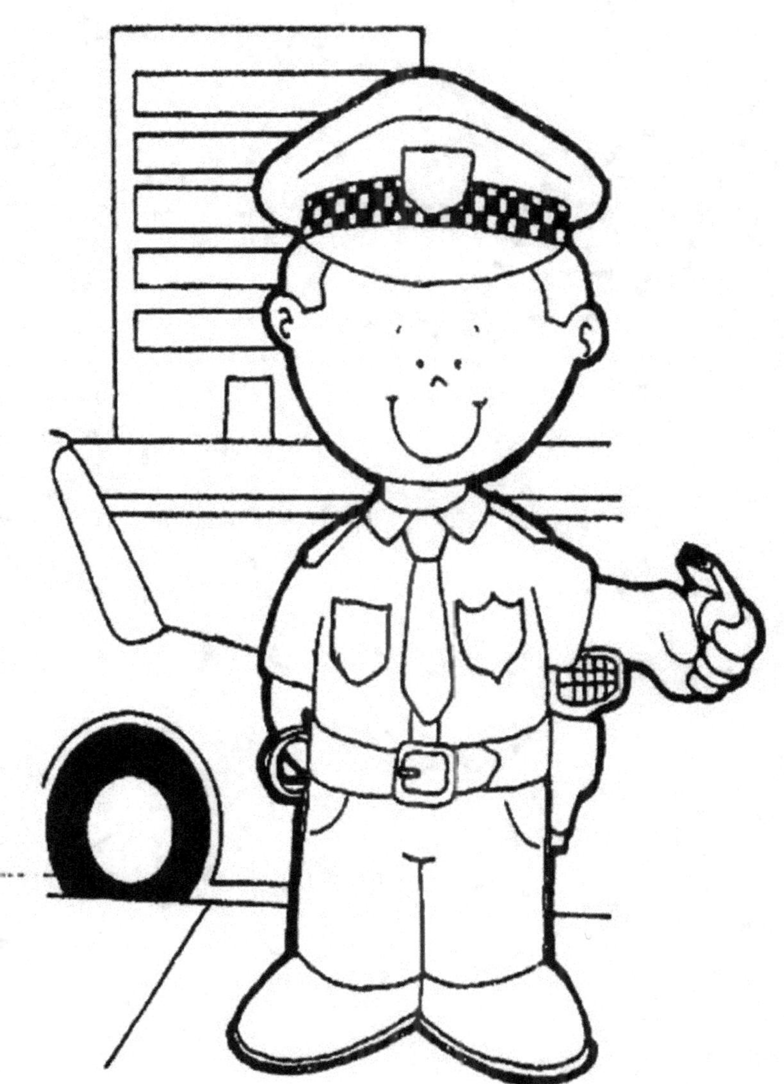

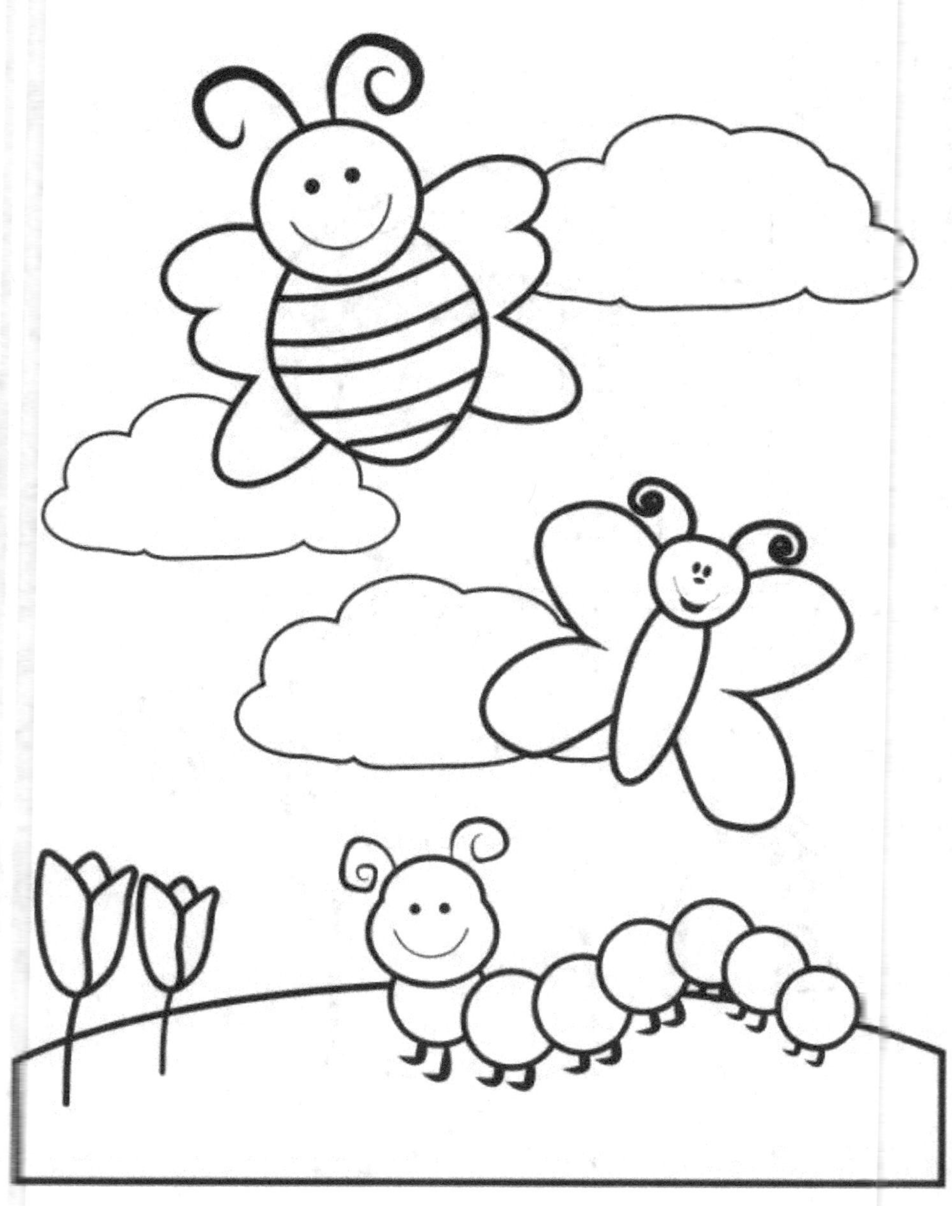

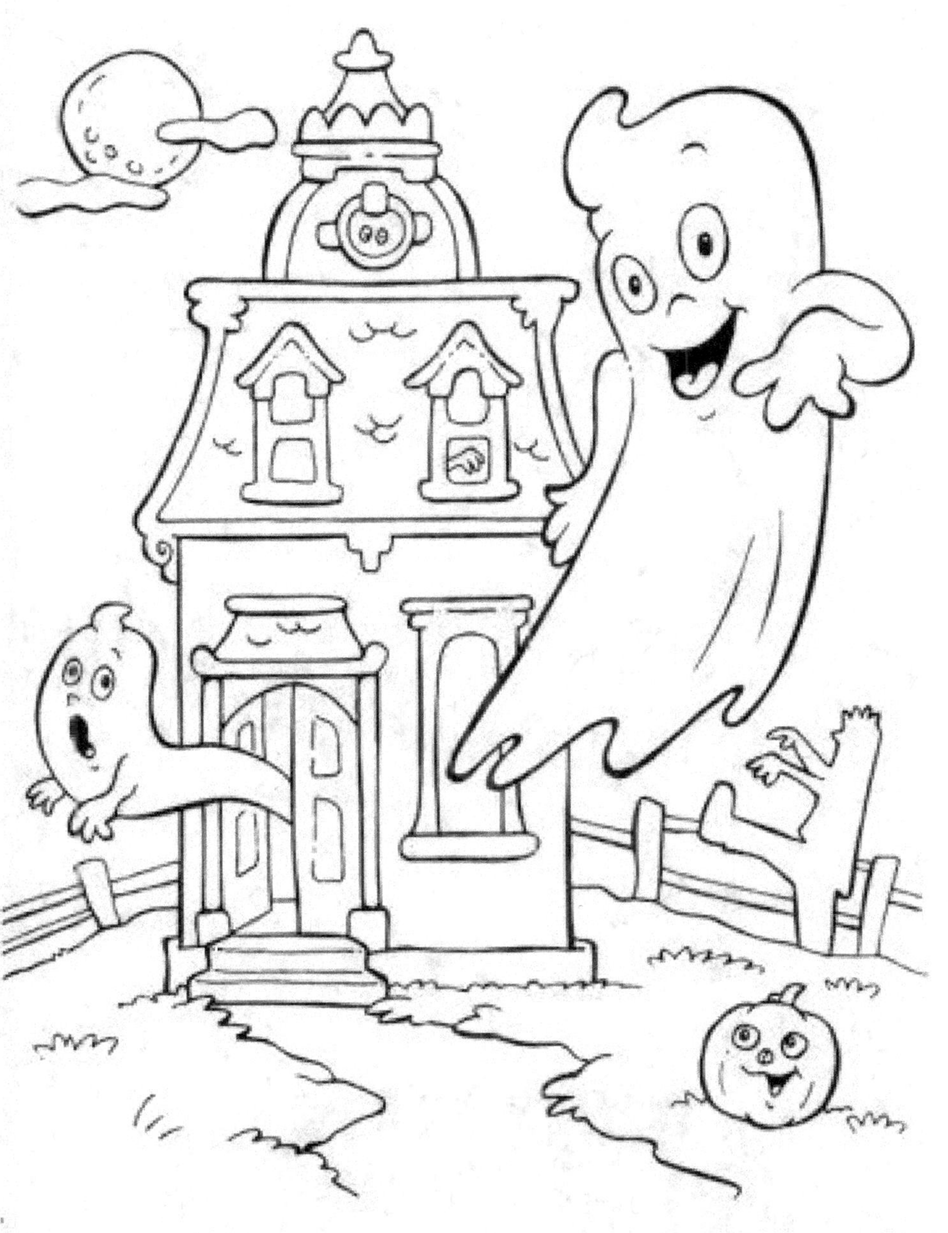

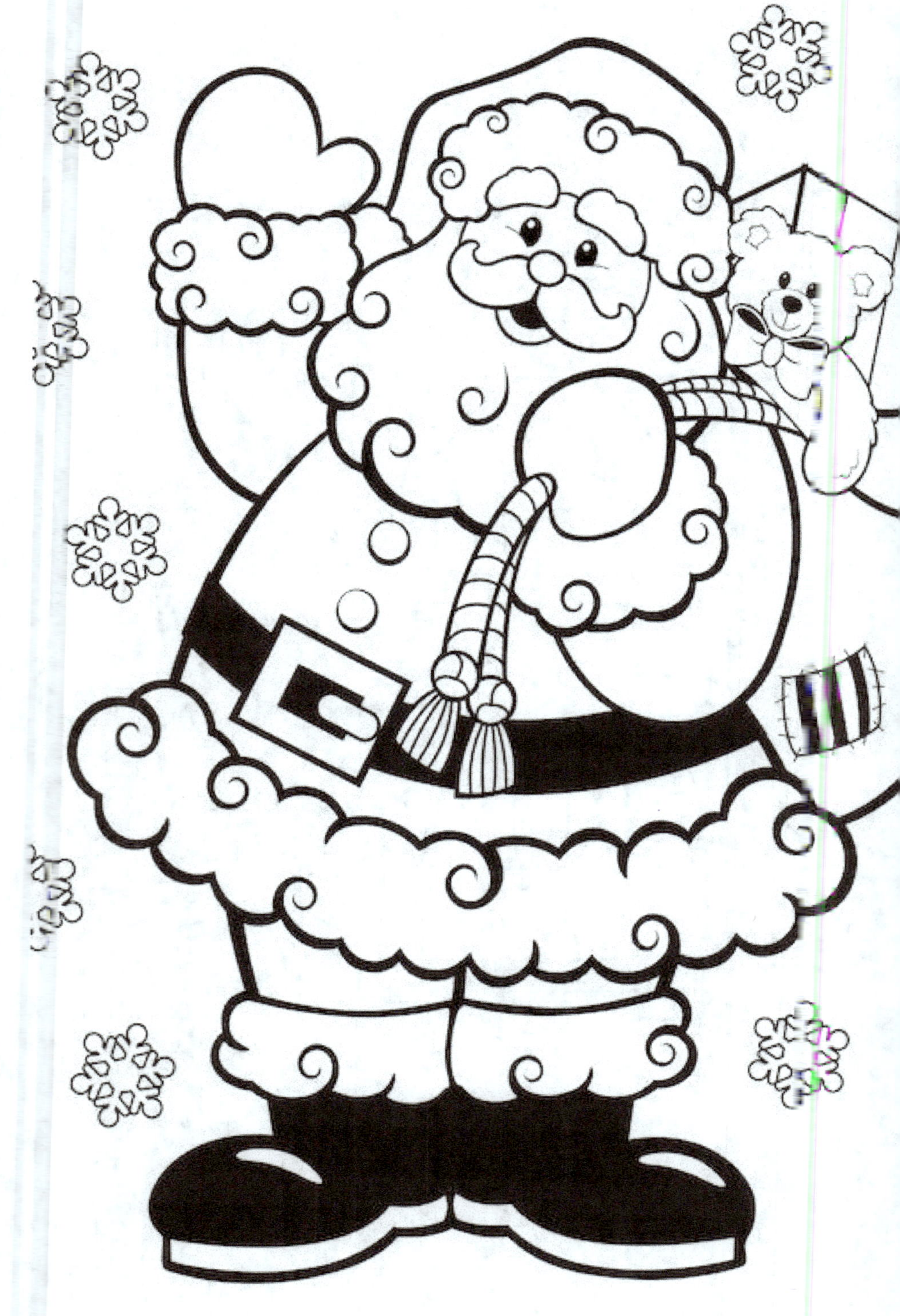

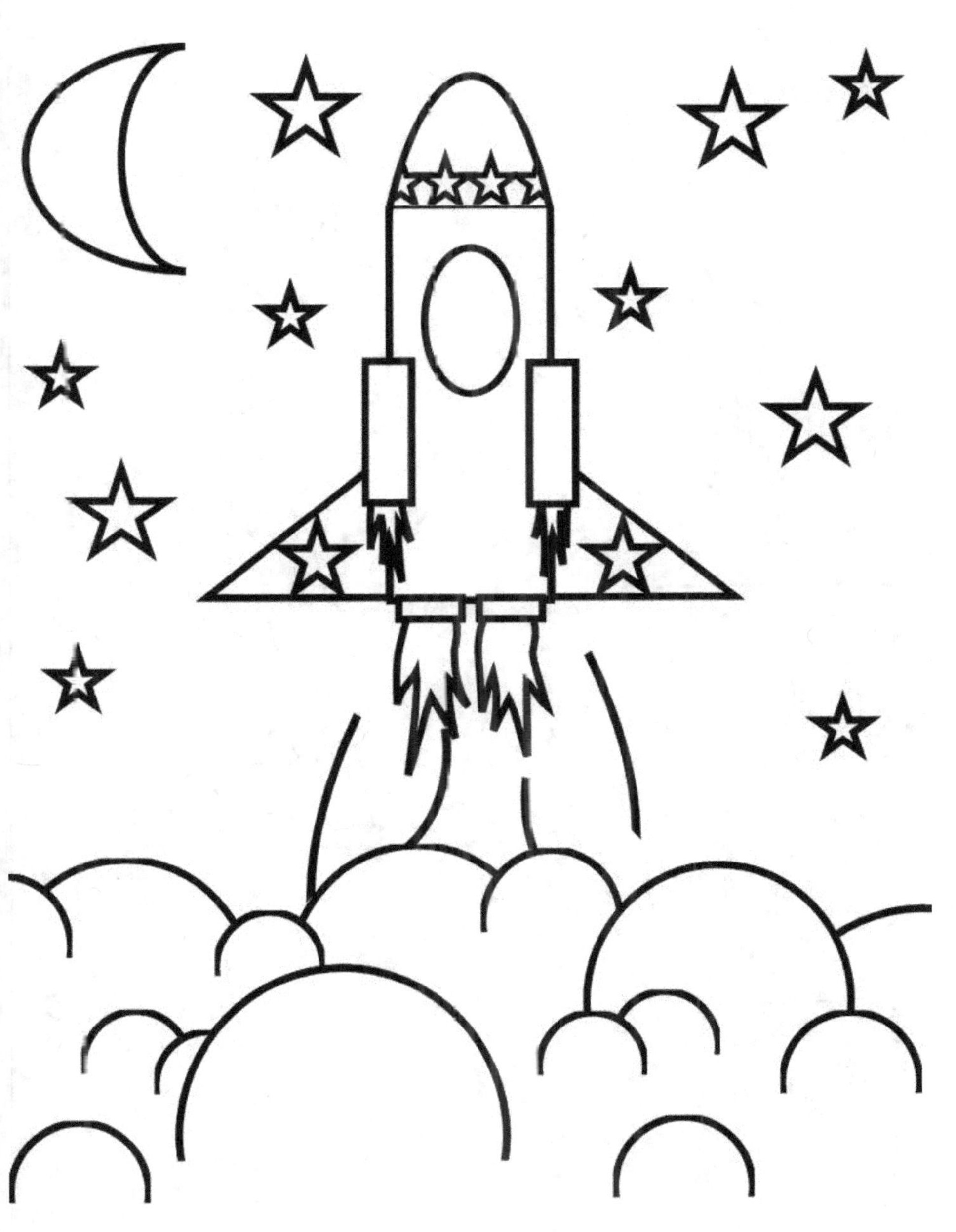

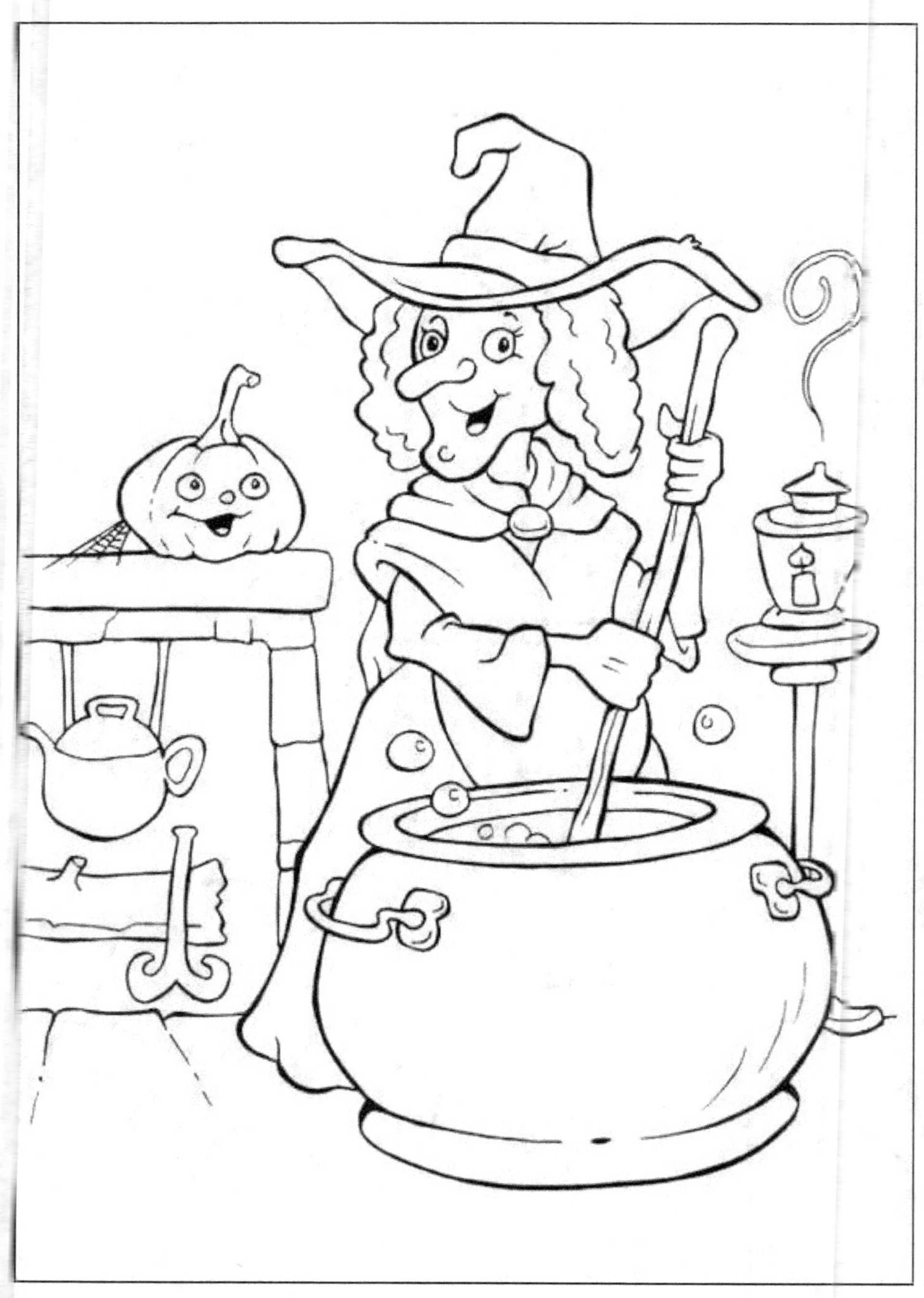

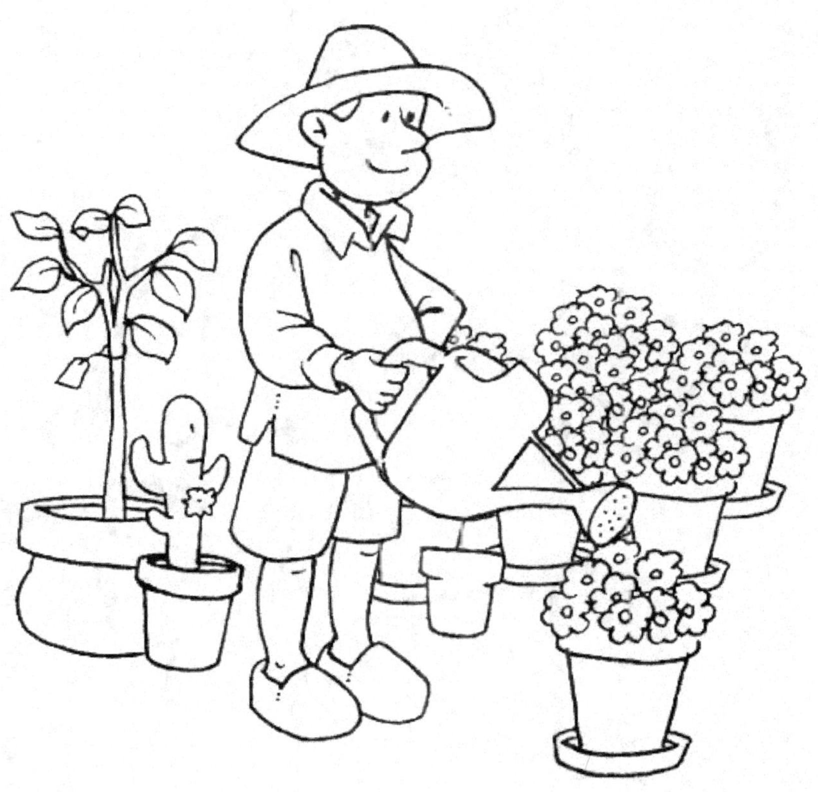

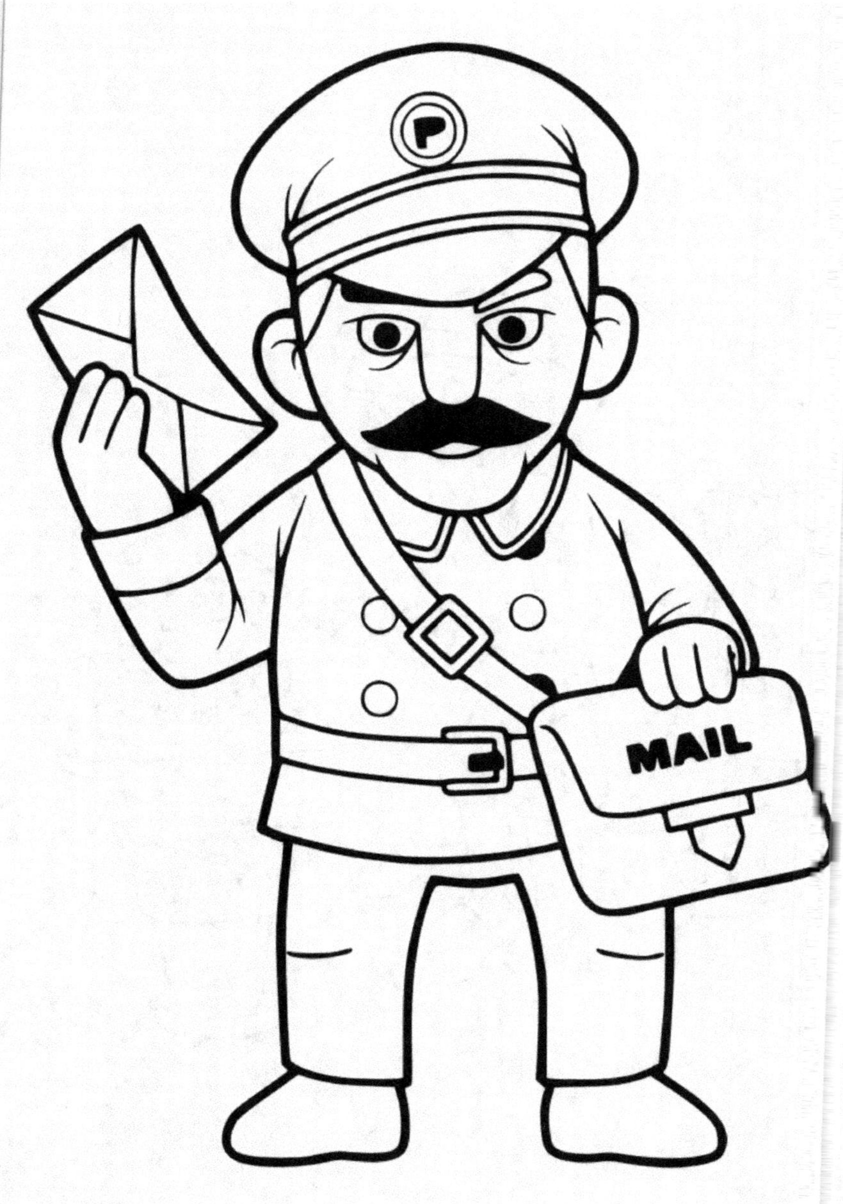

MAIL

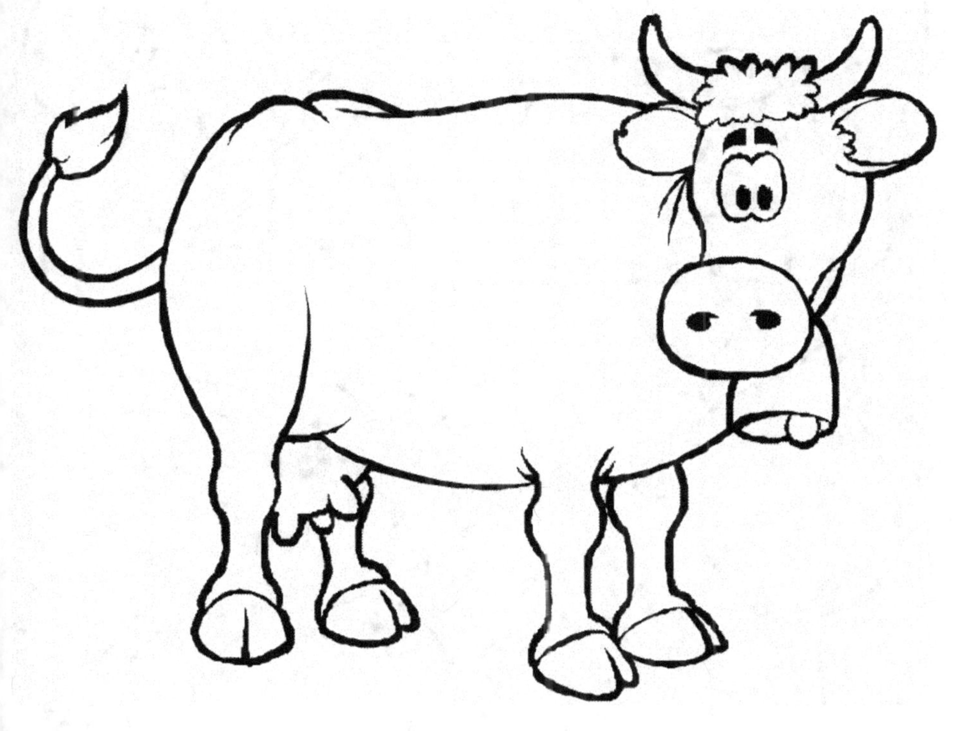

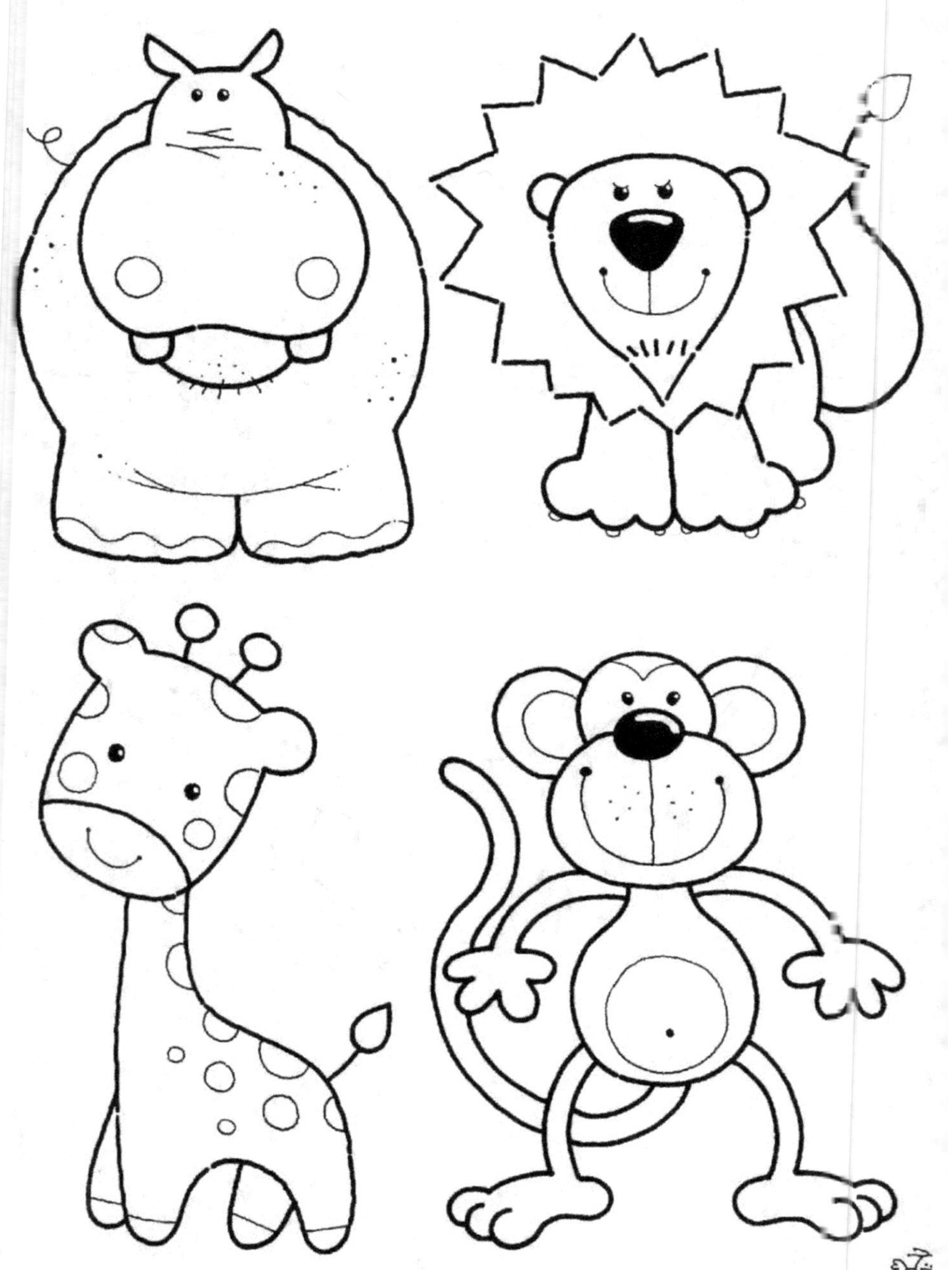

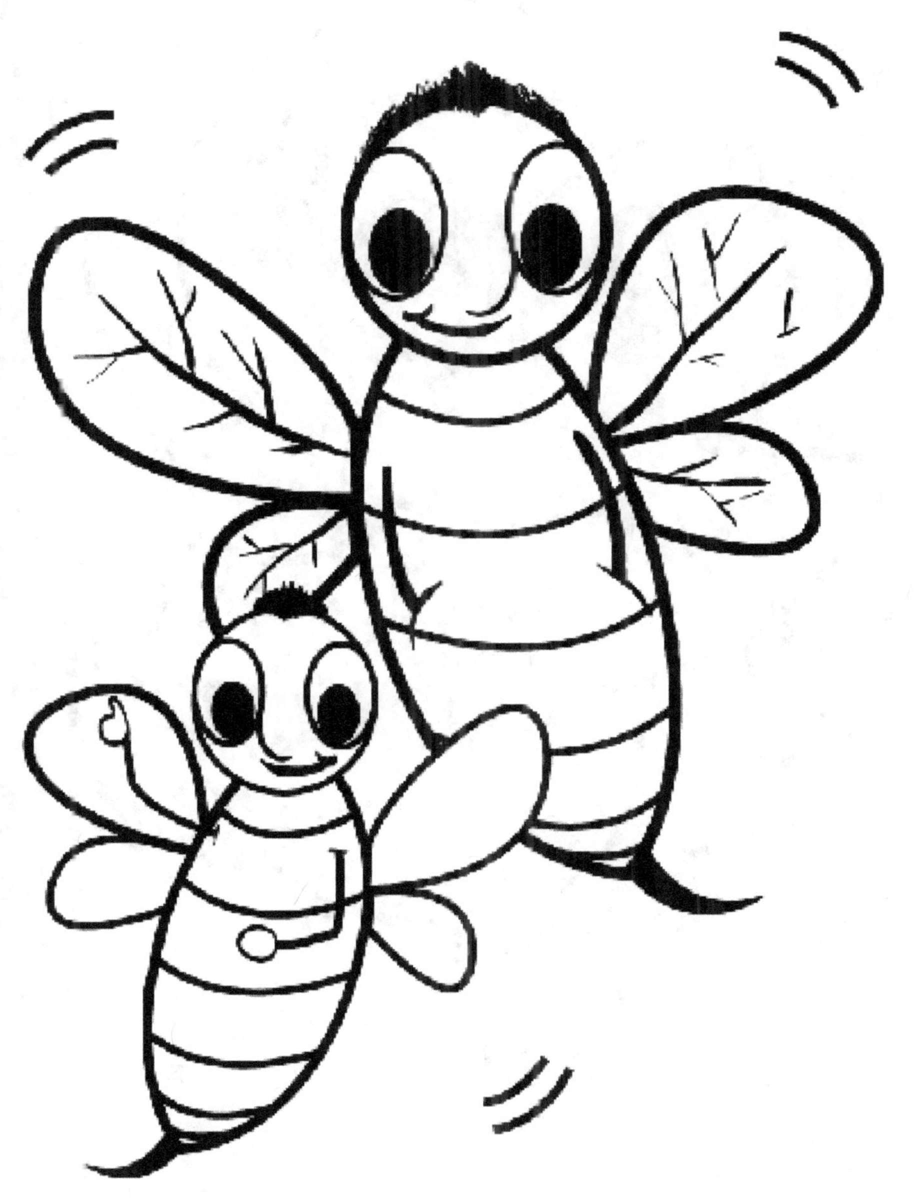

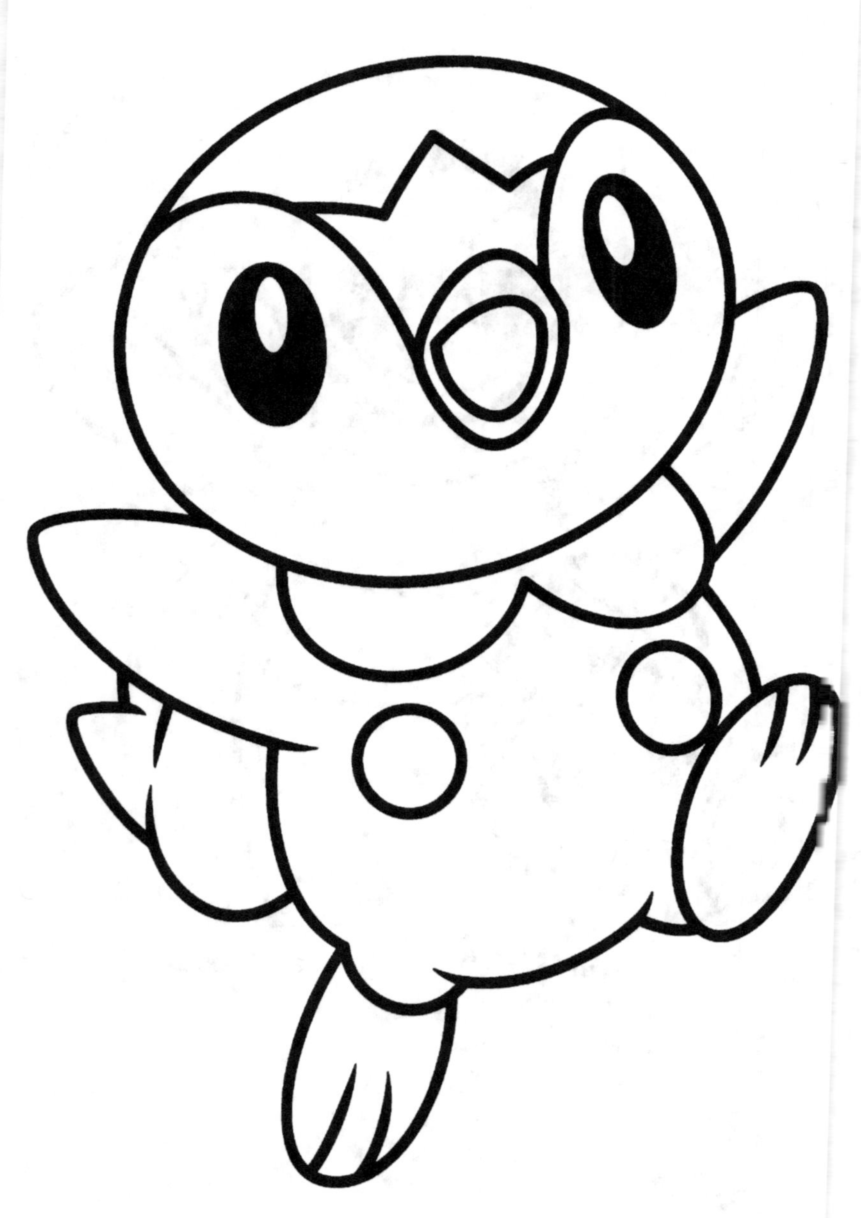

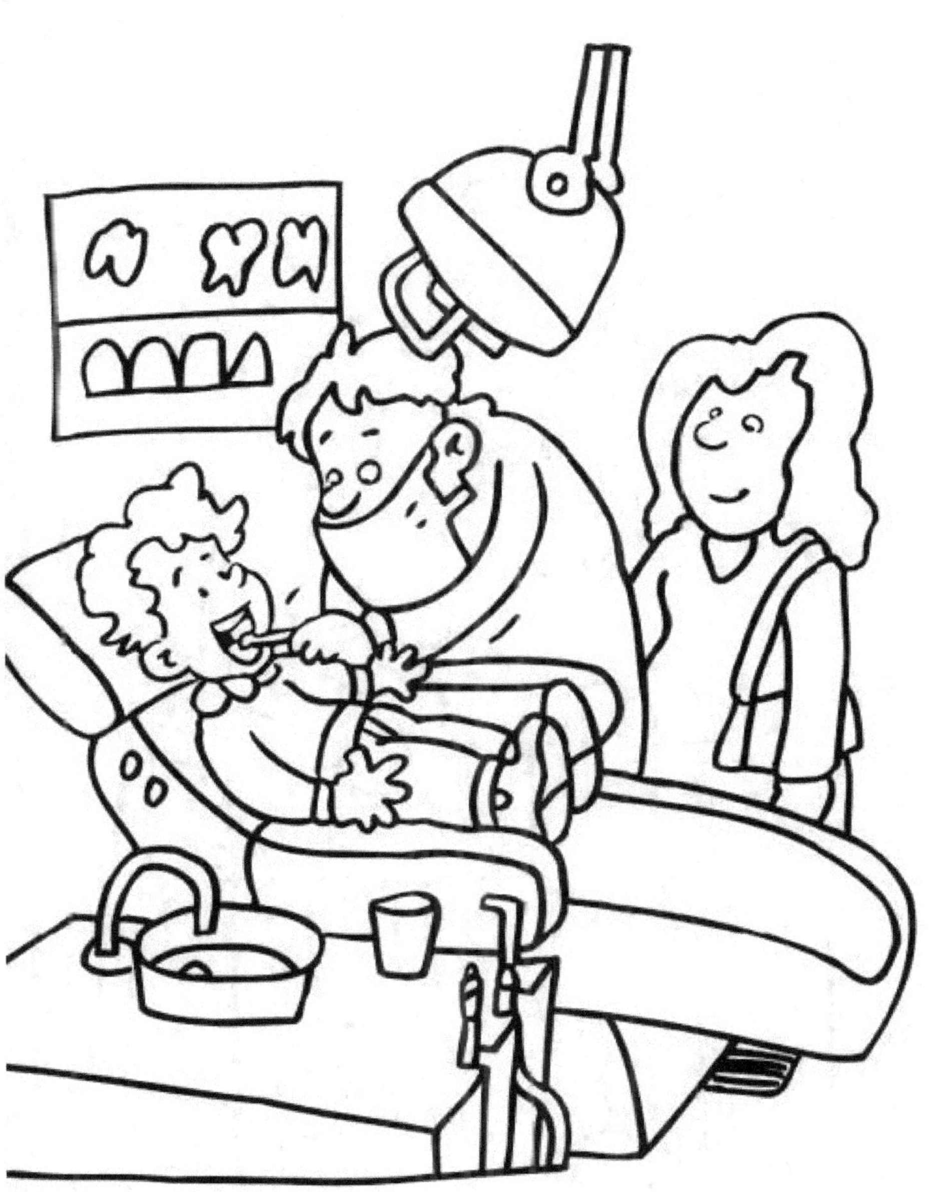

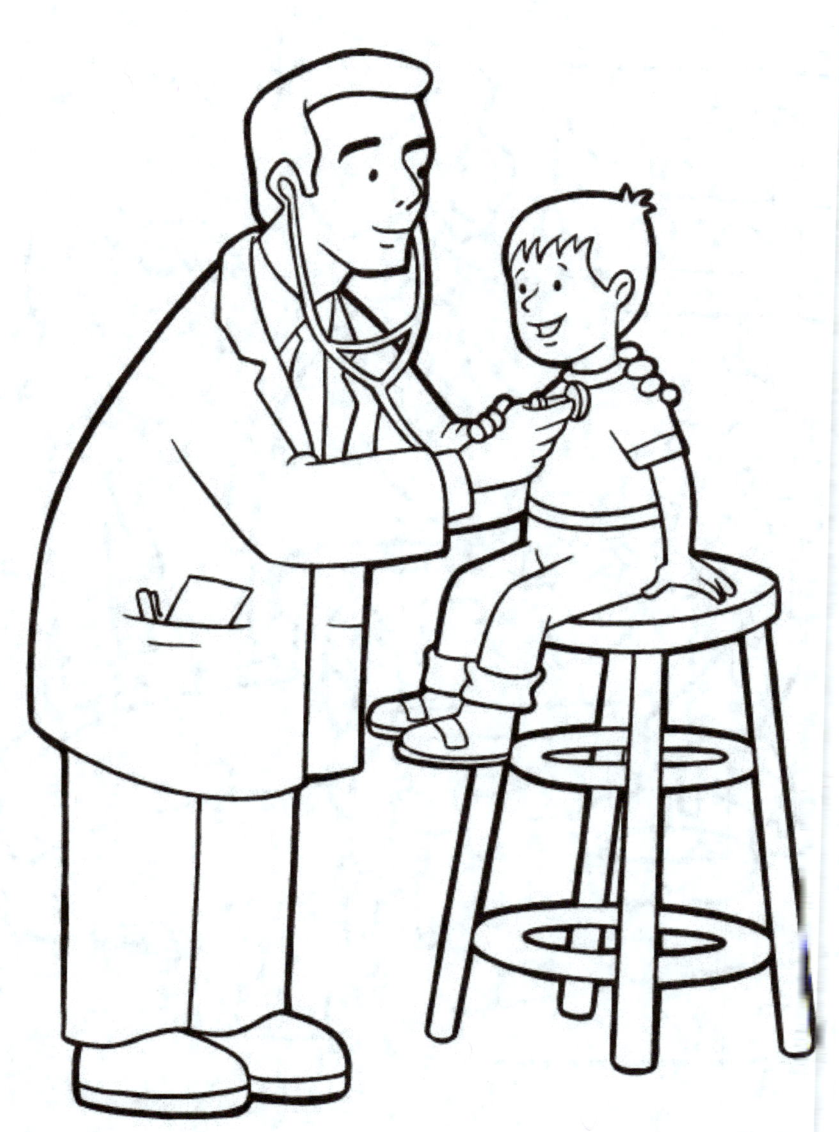

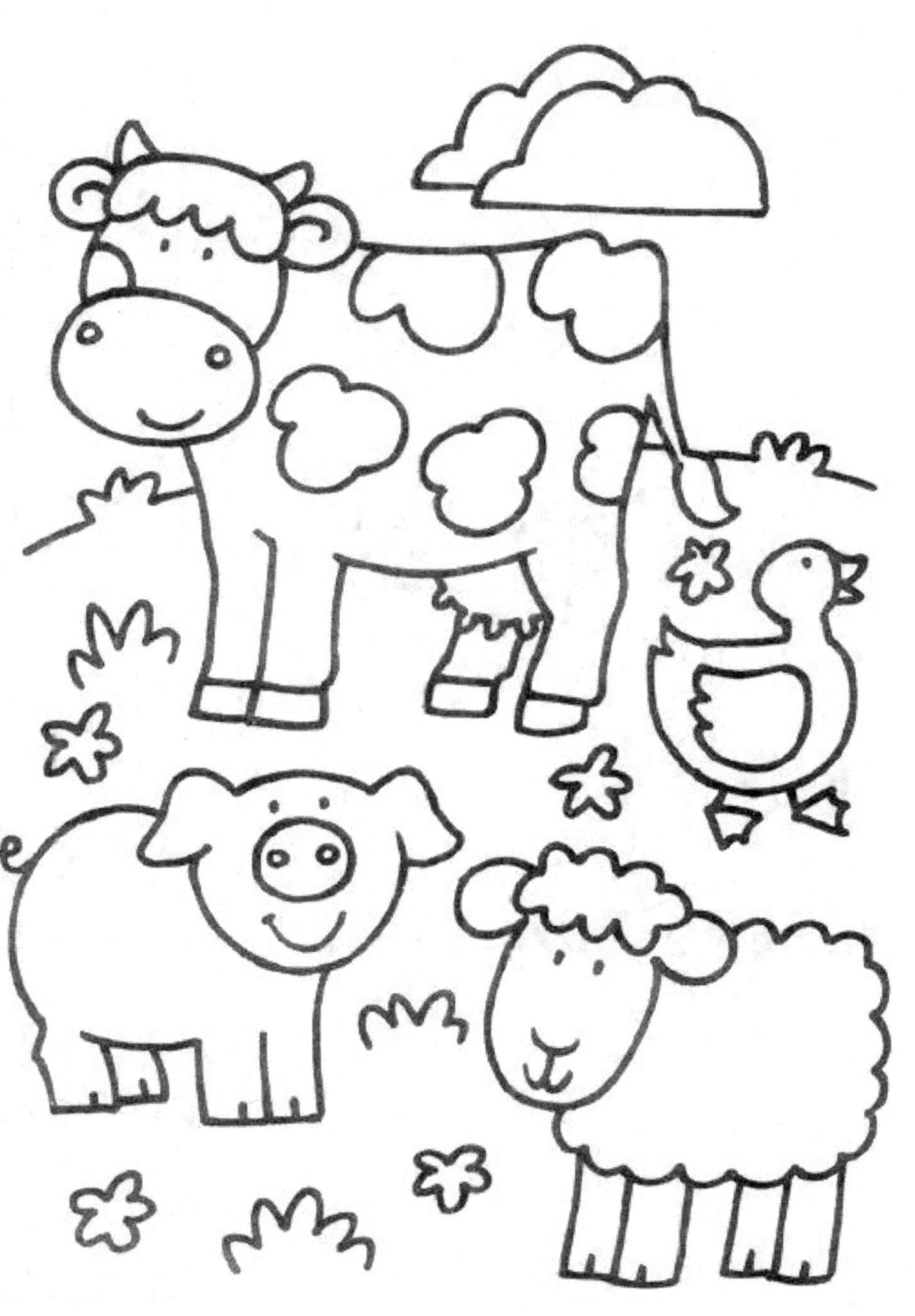

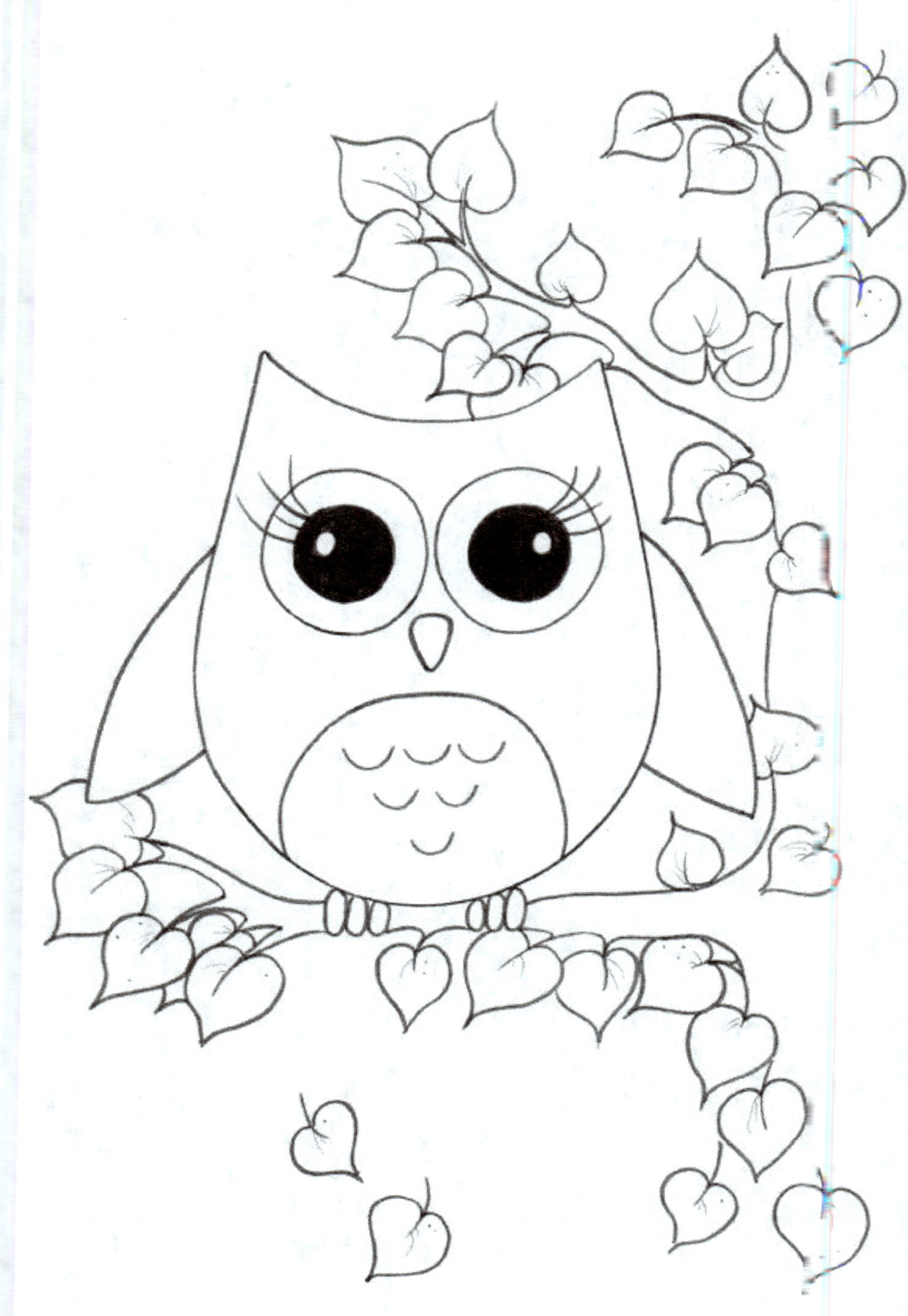

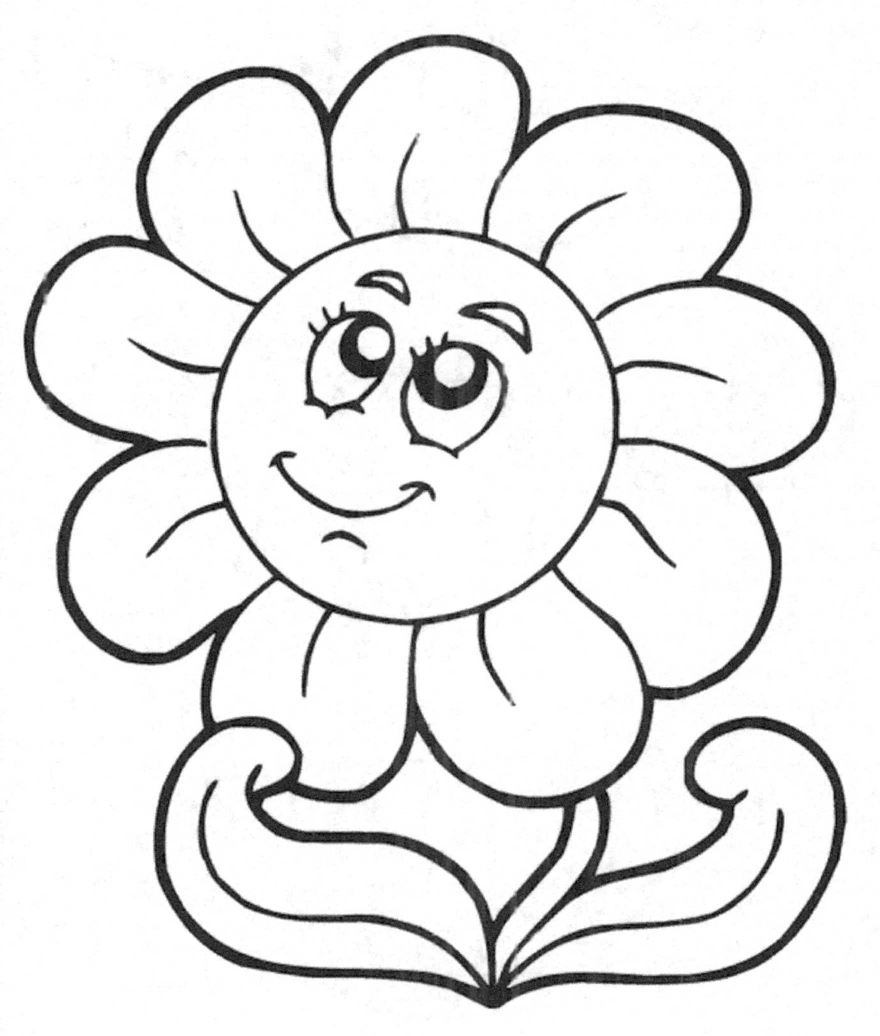

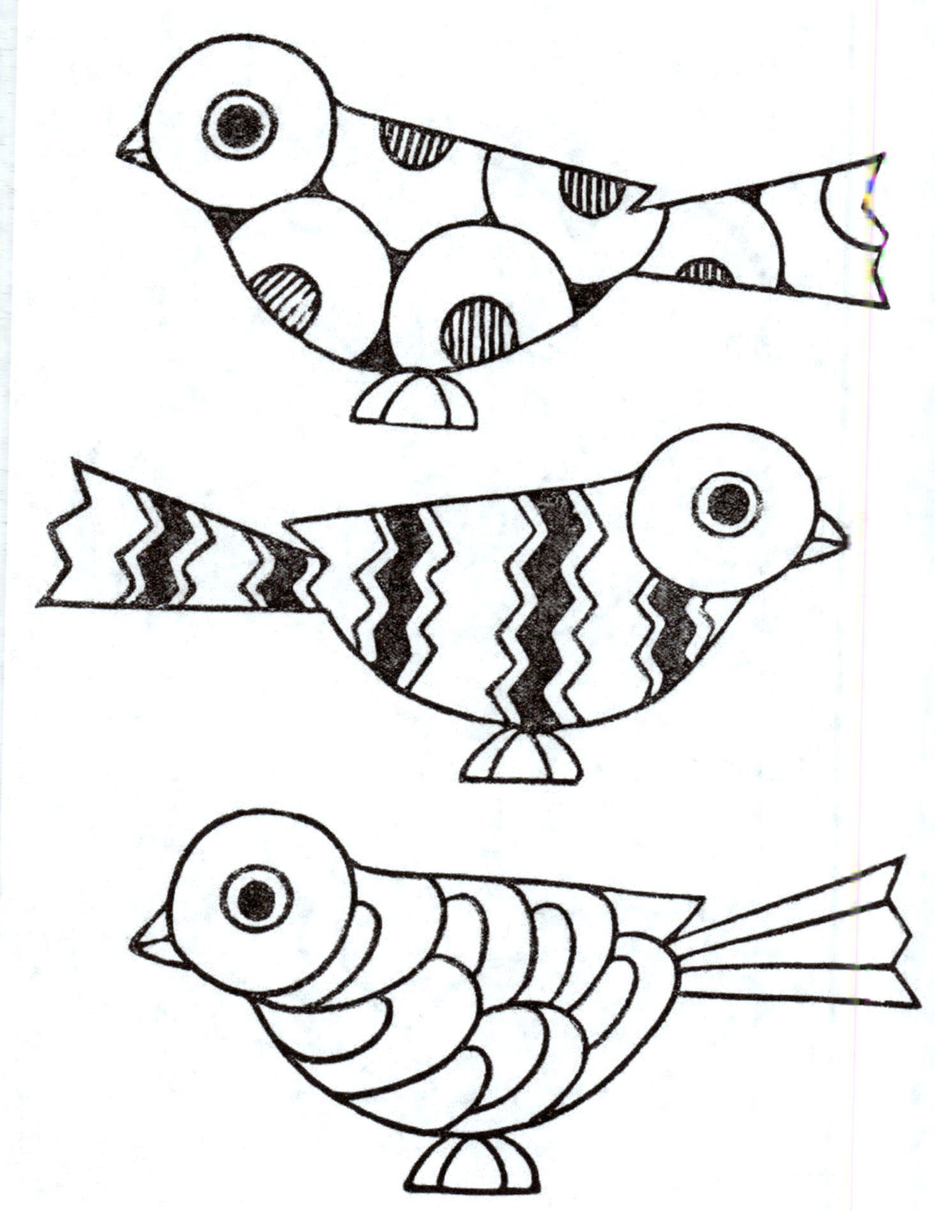

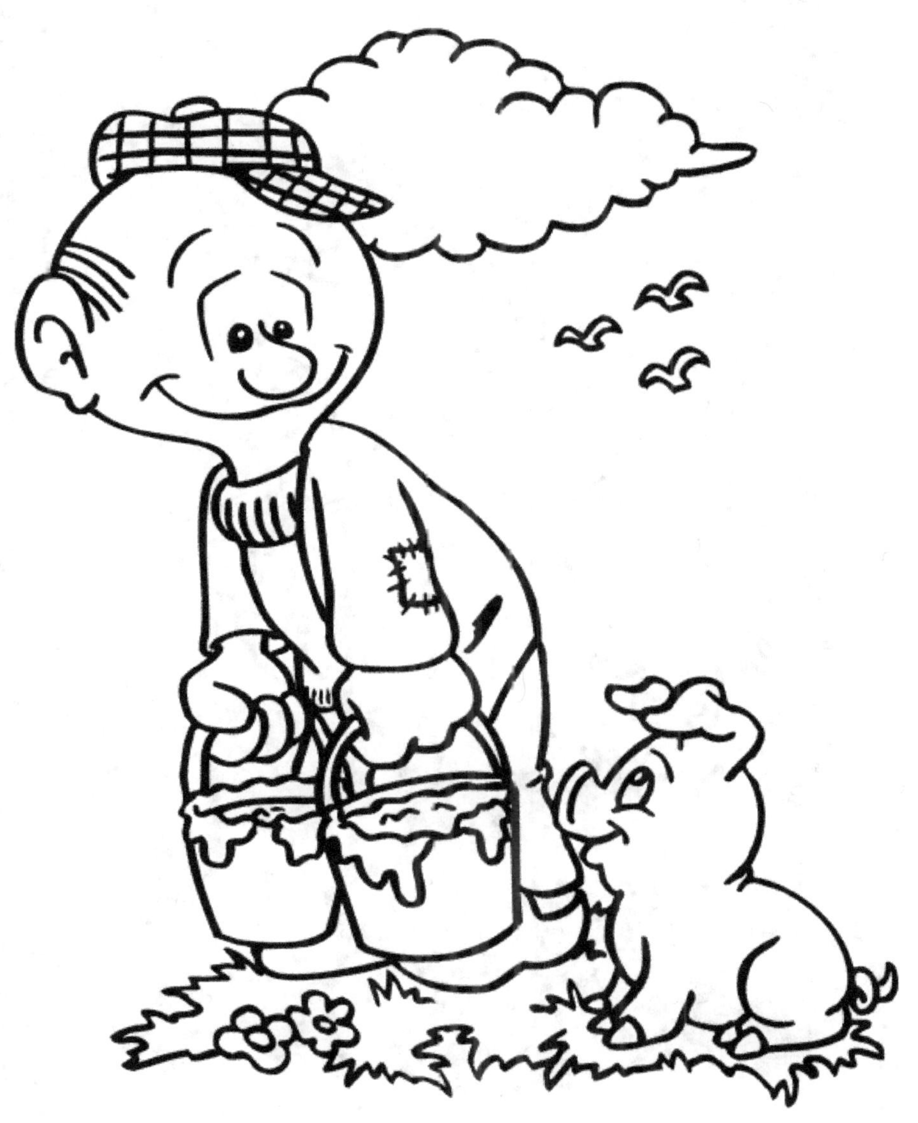

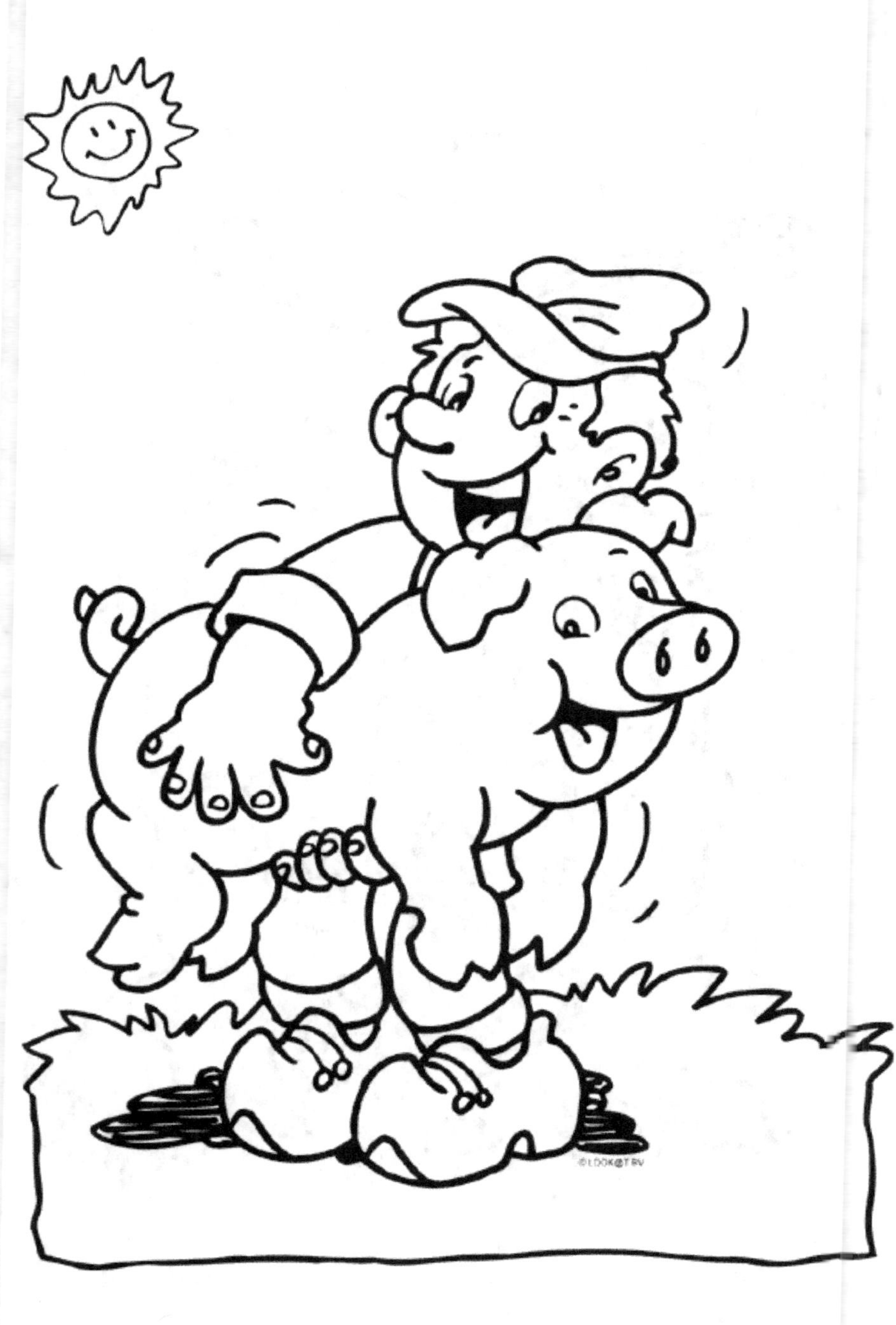

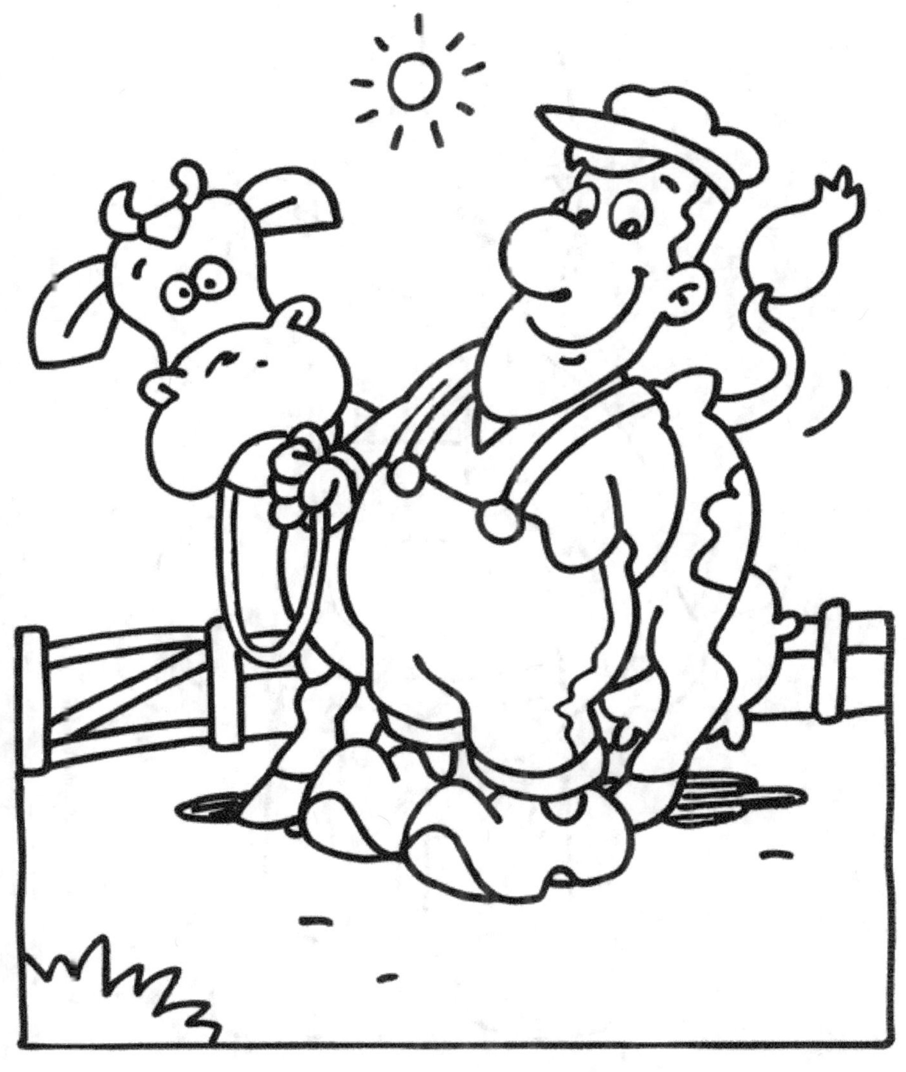

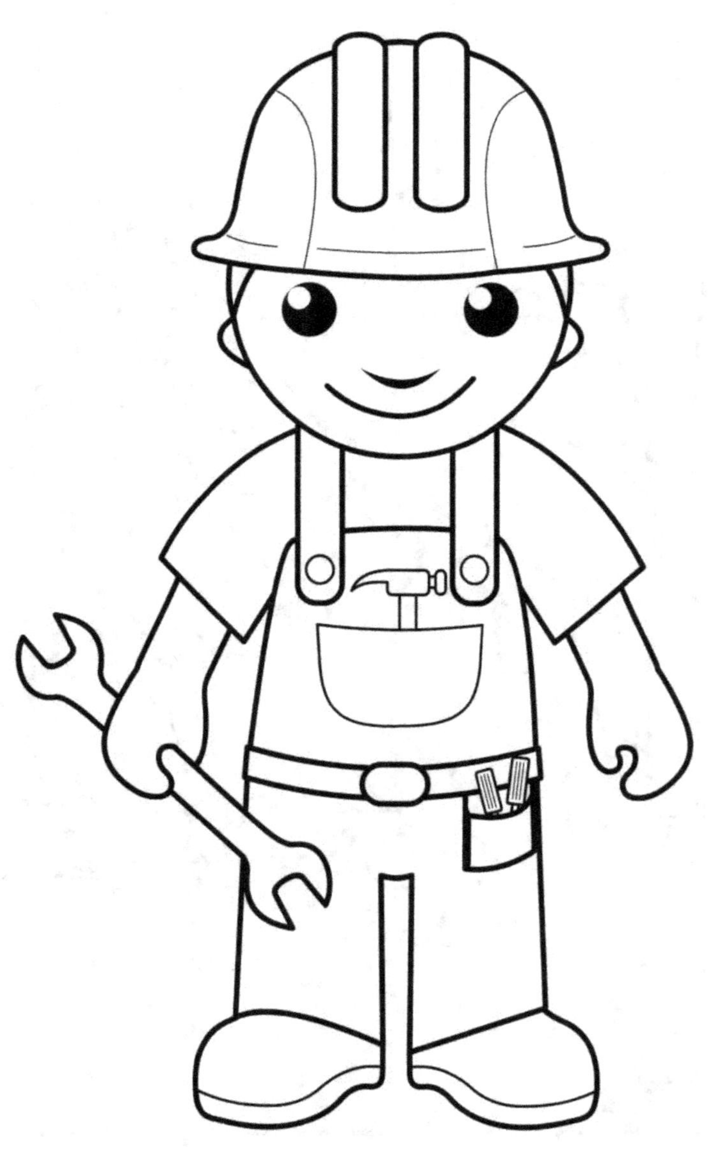

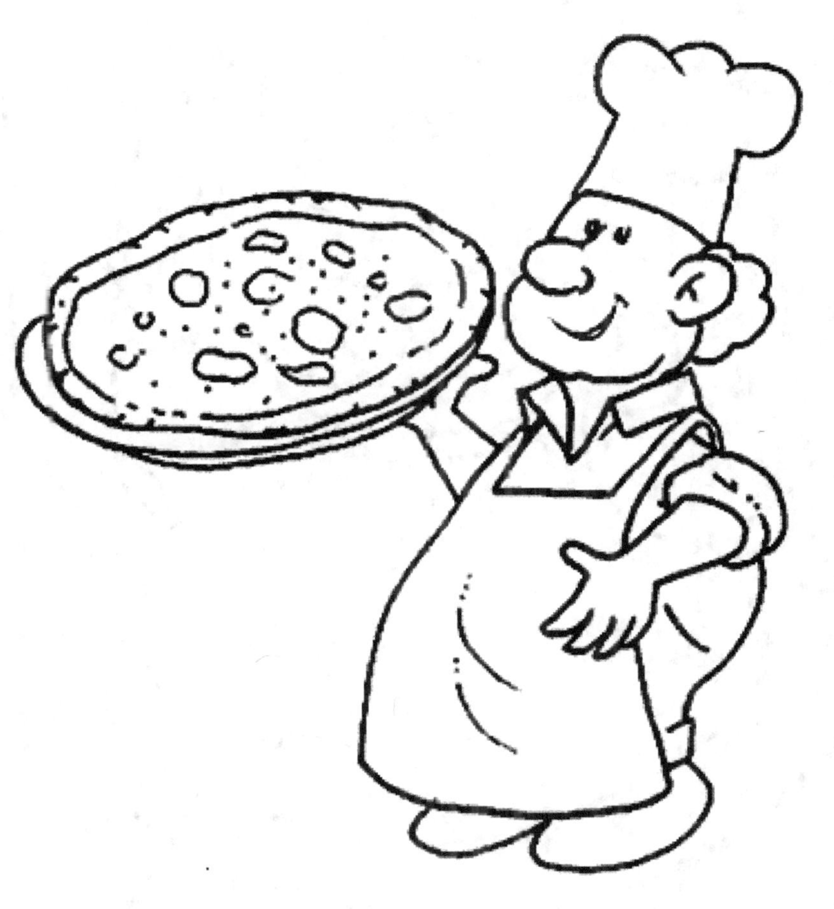

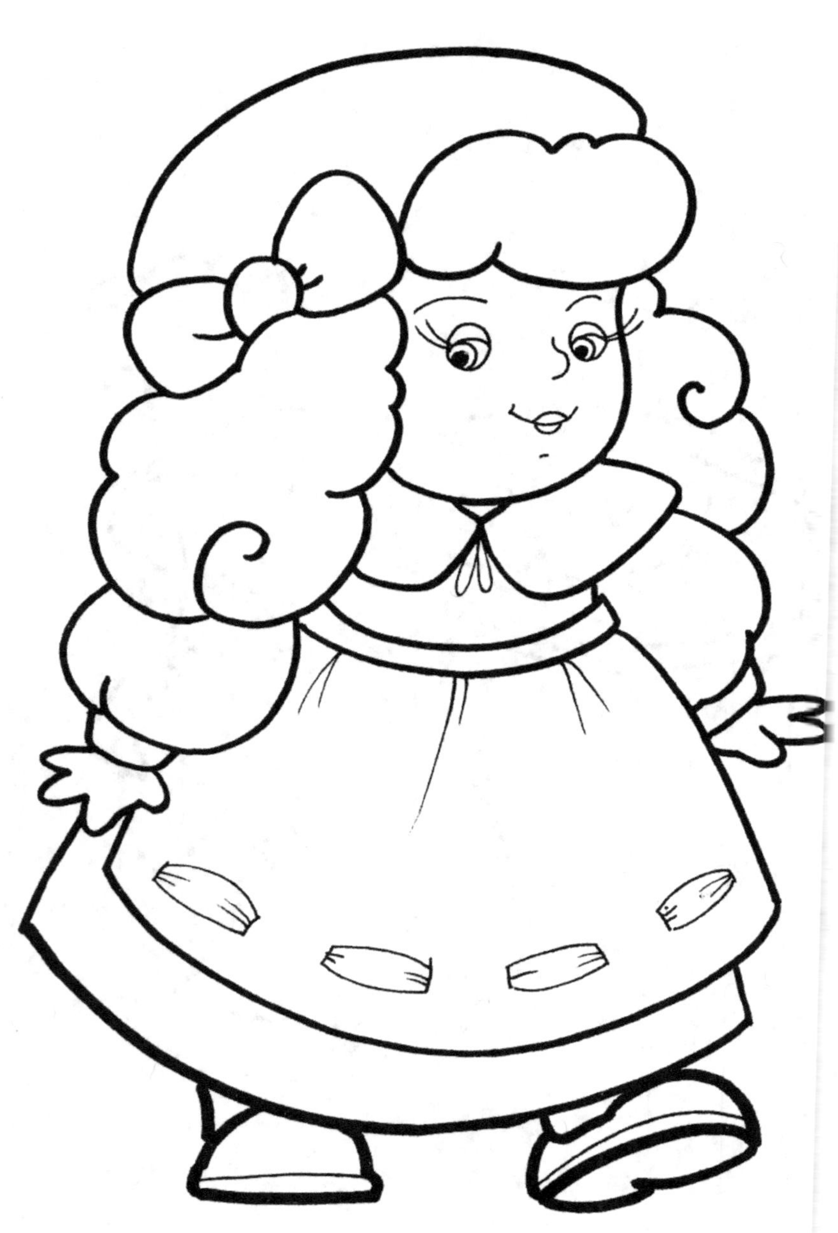

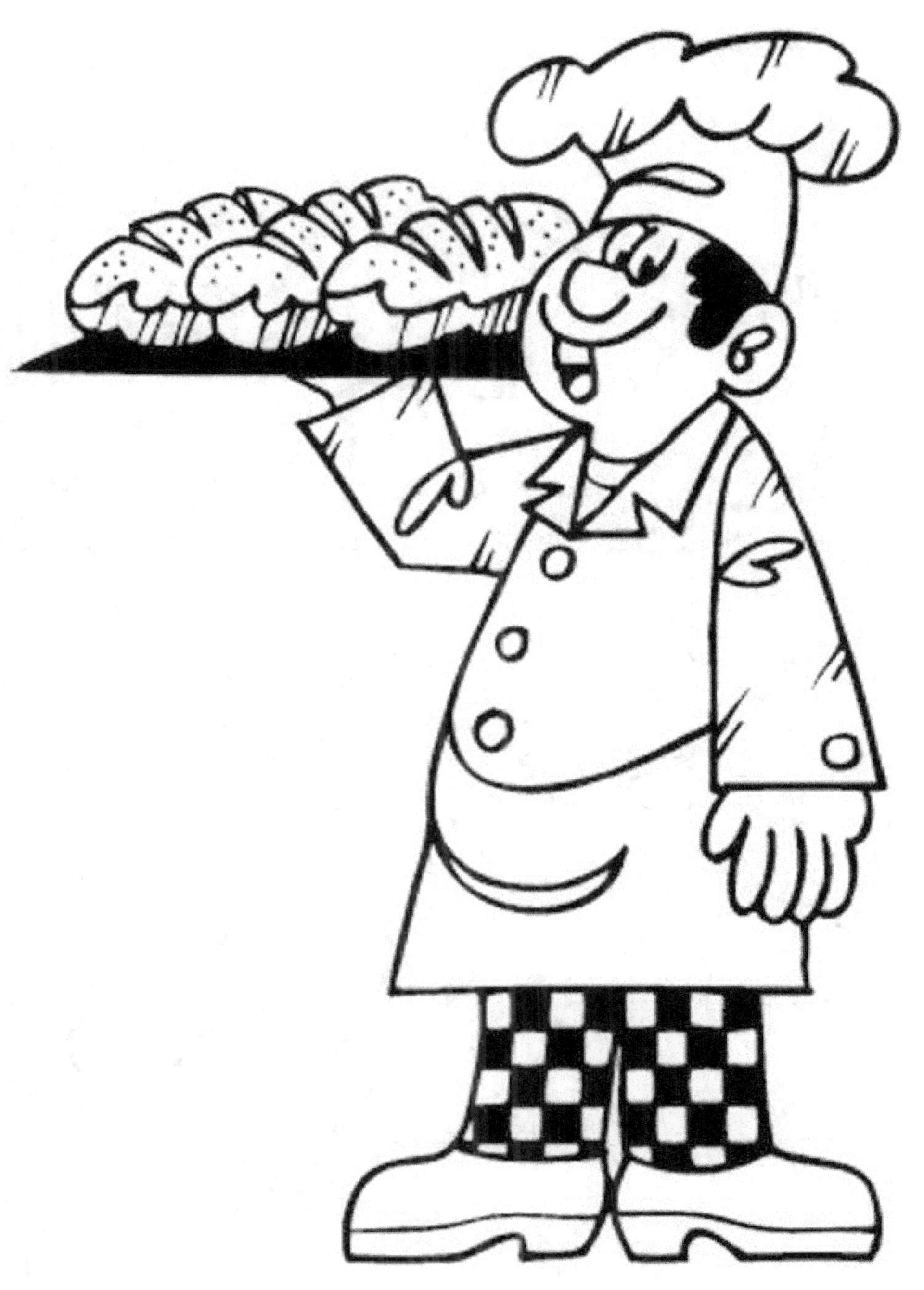

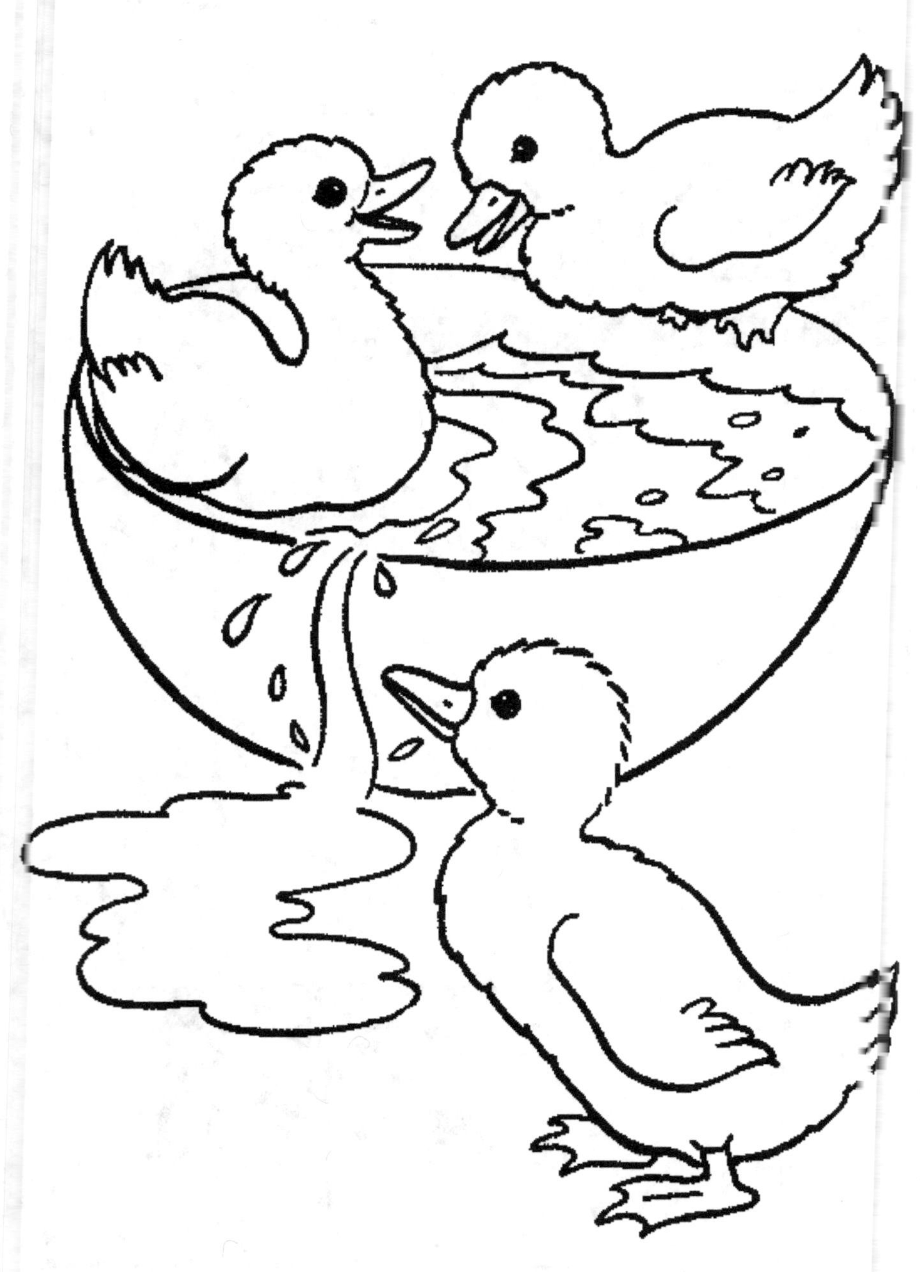

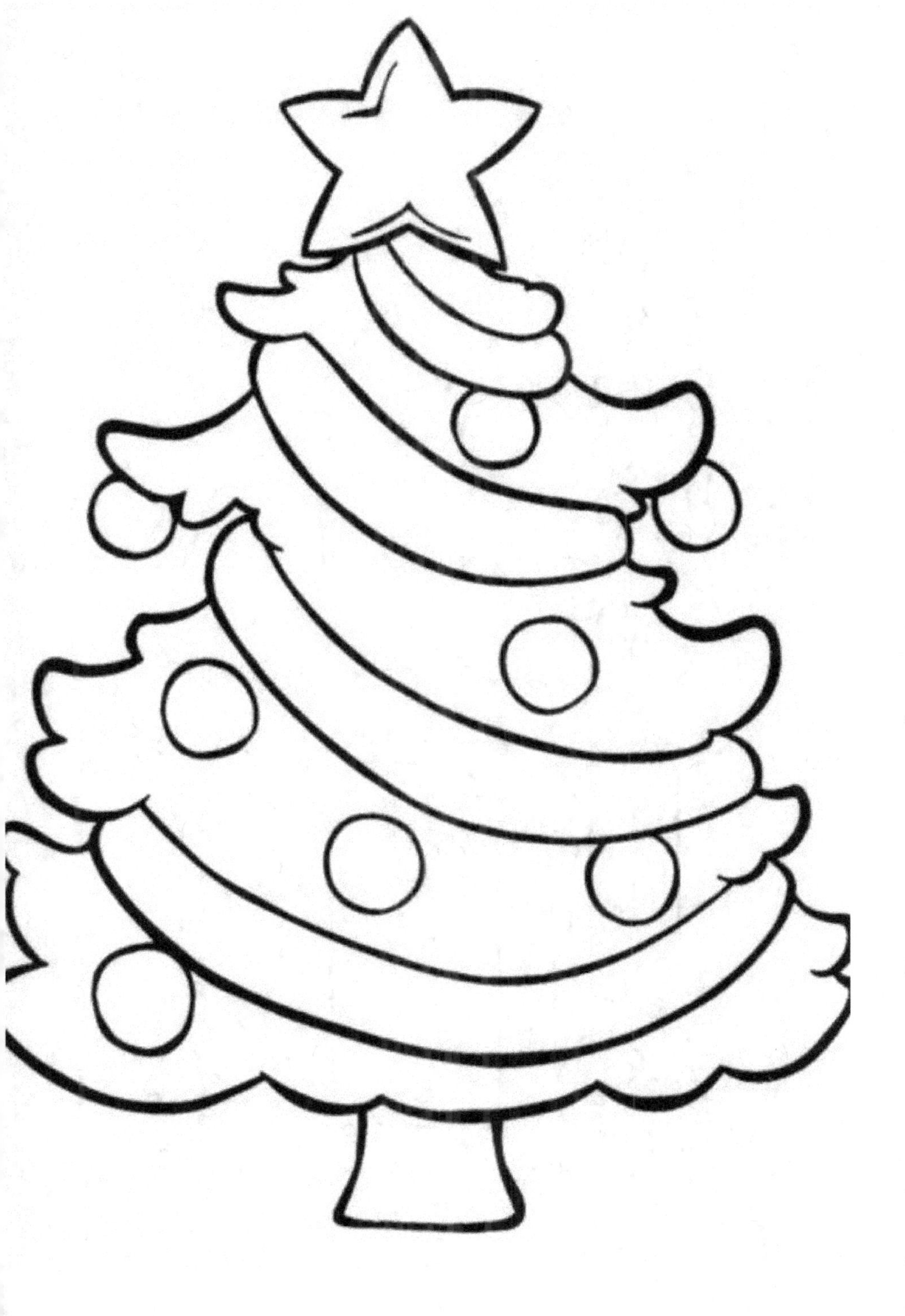

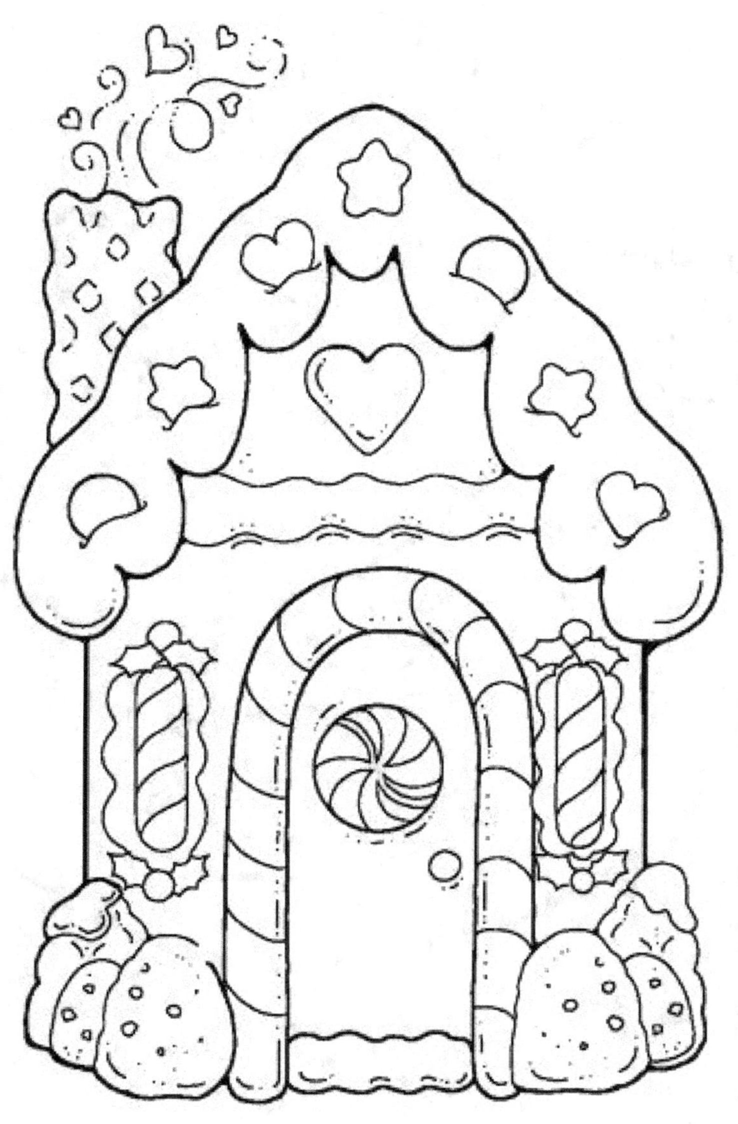

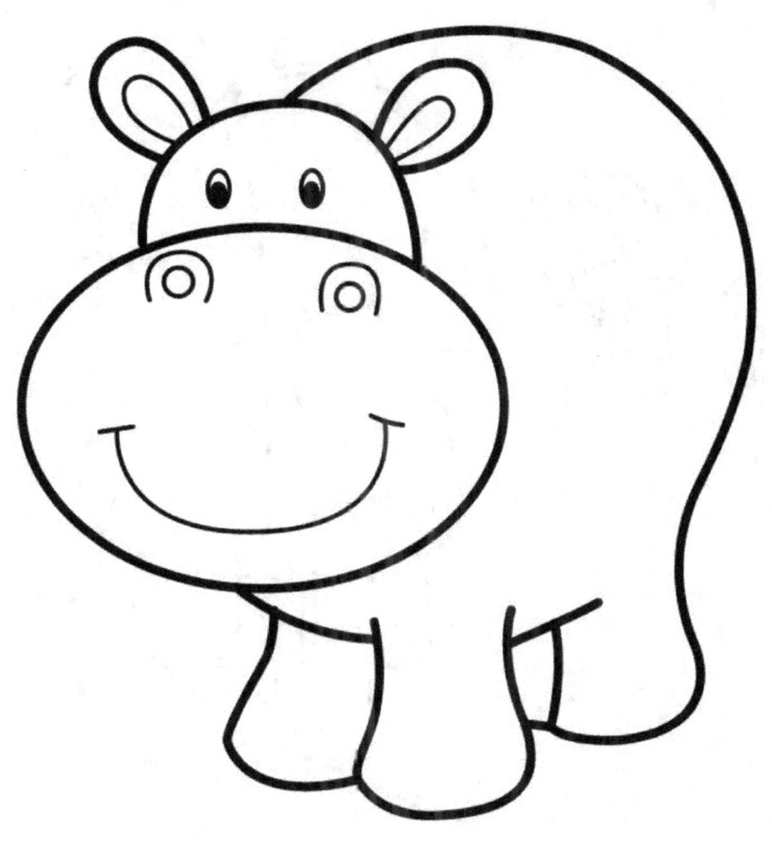

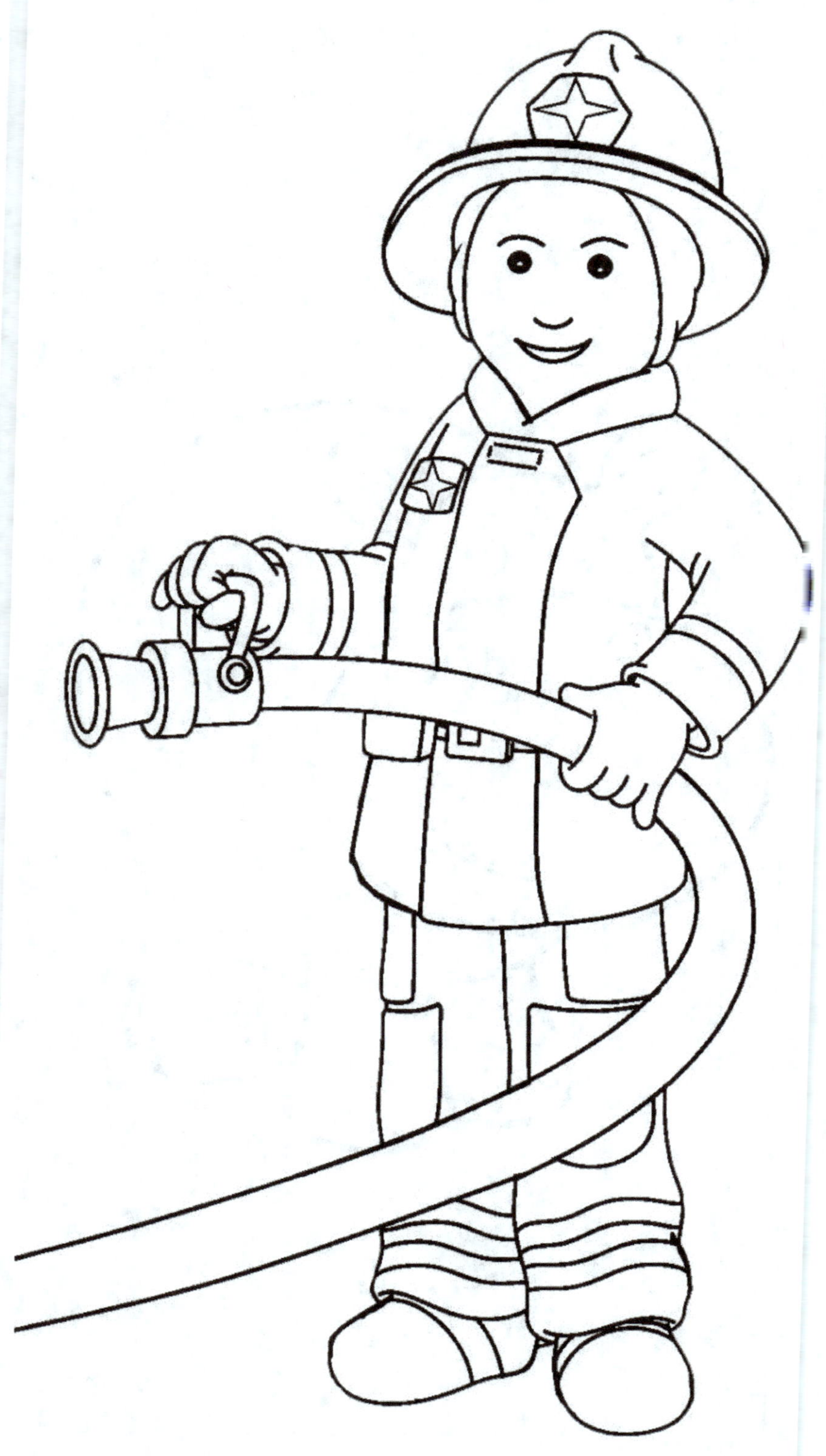

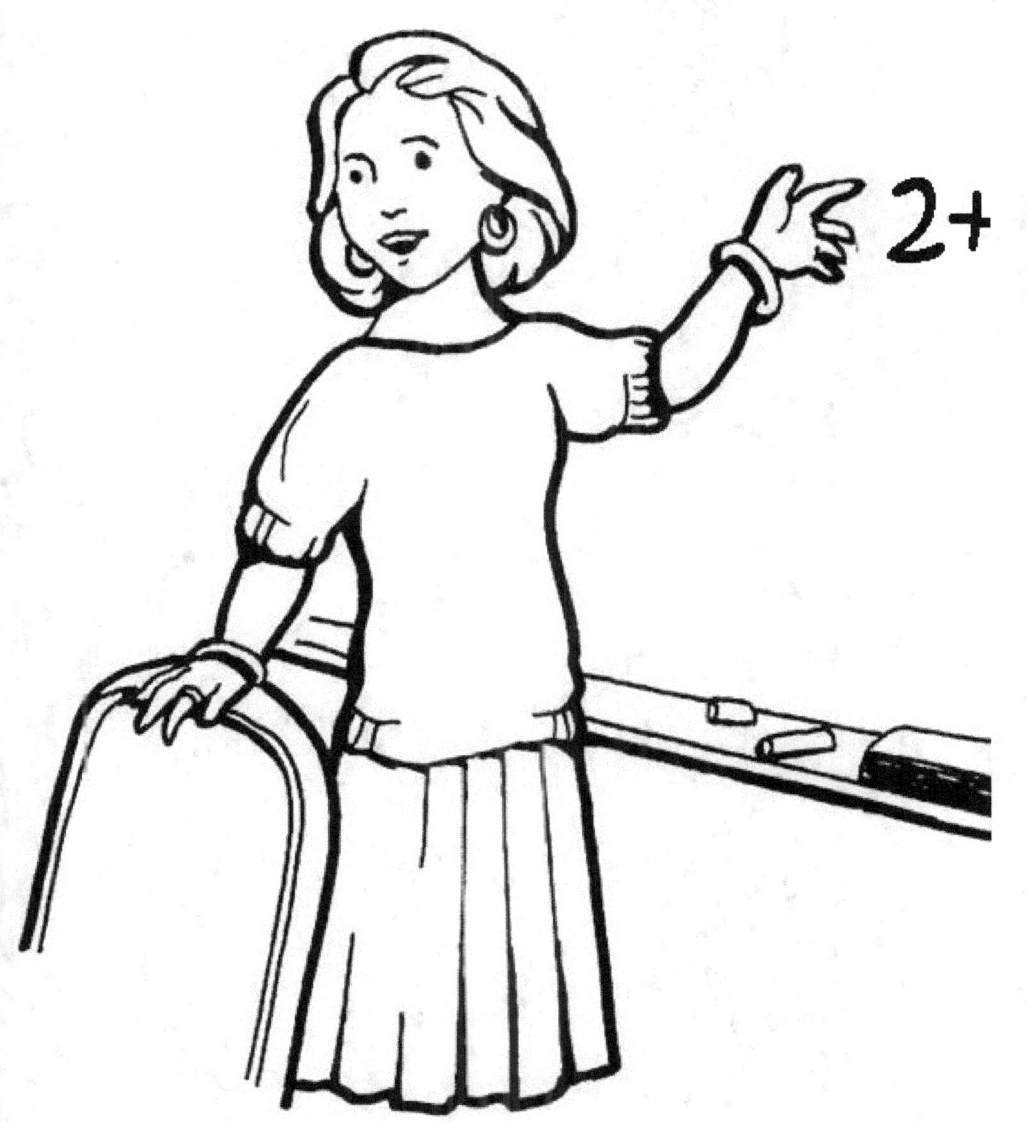

2+

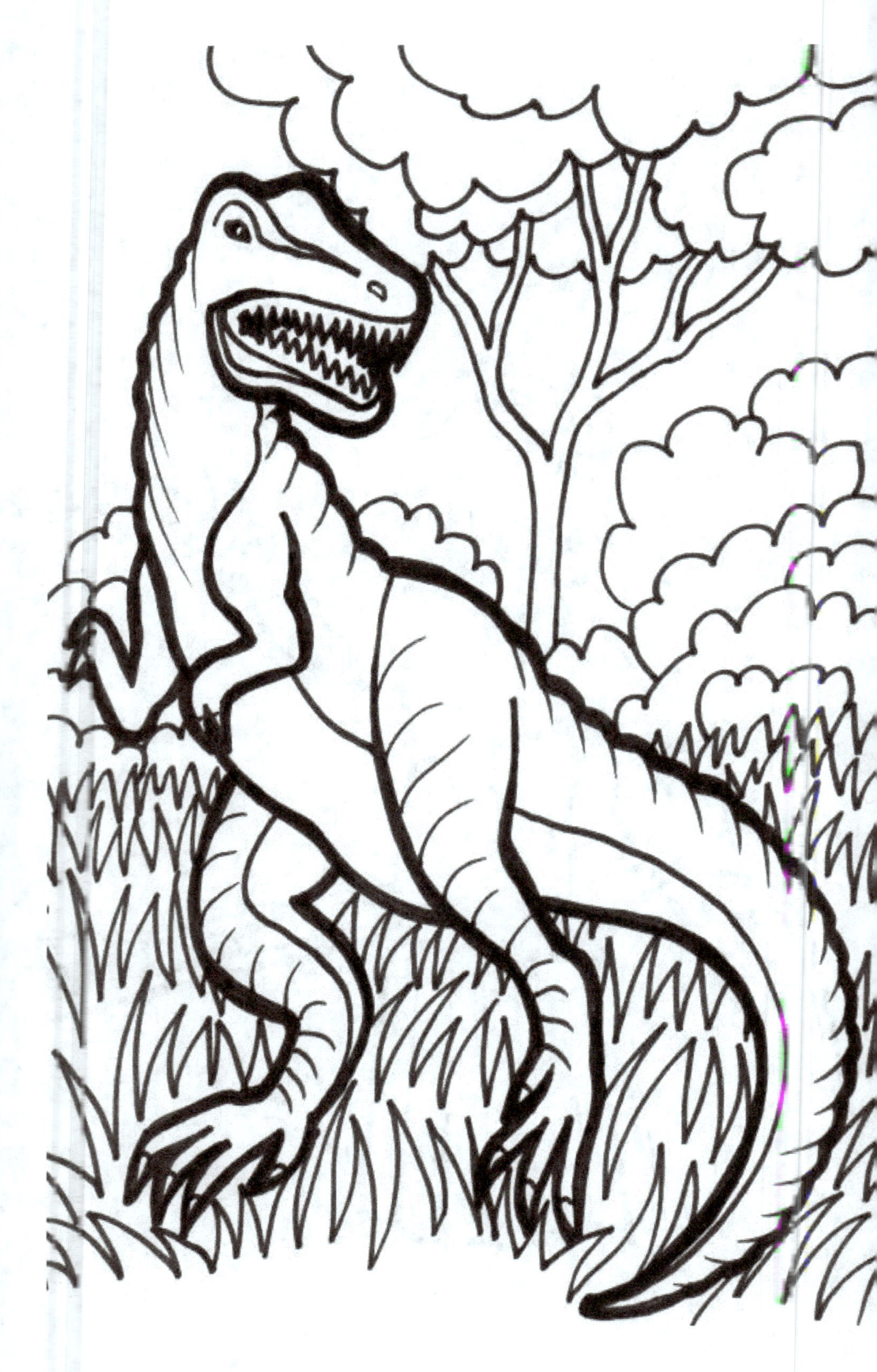

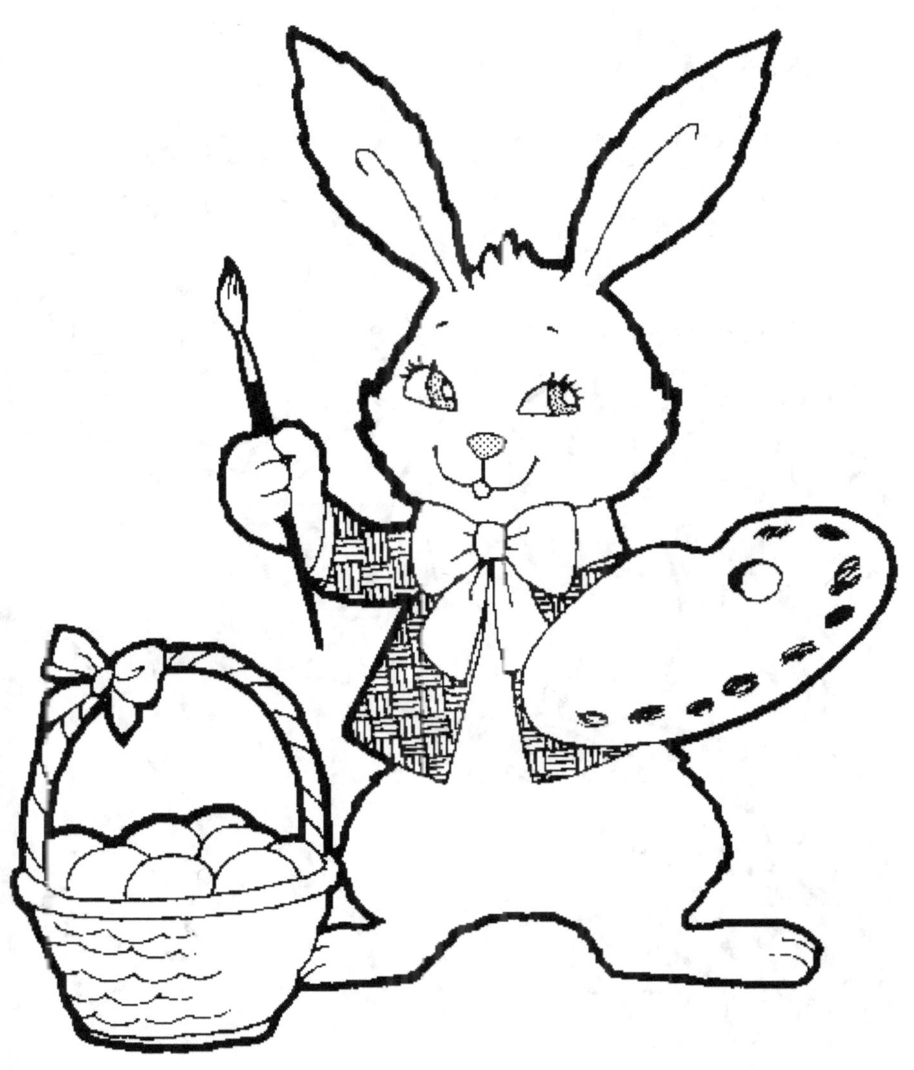

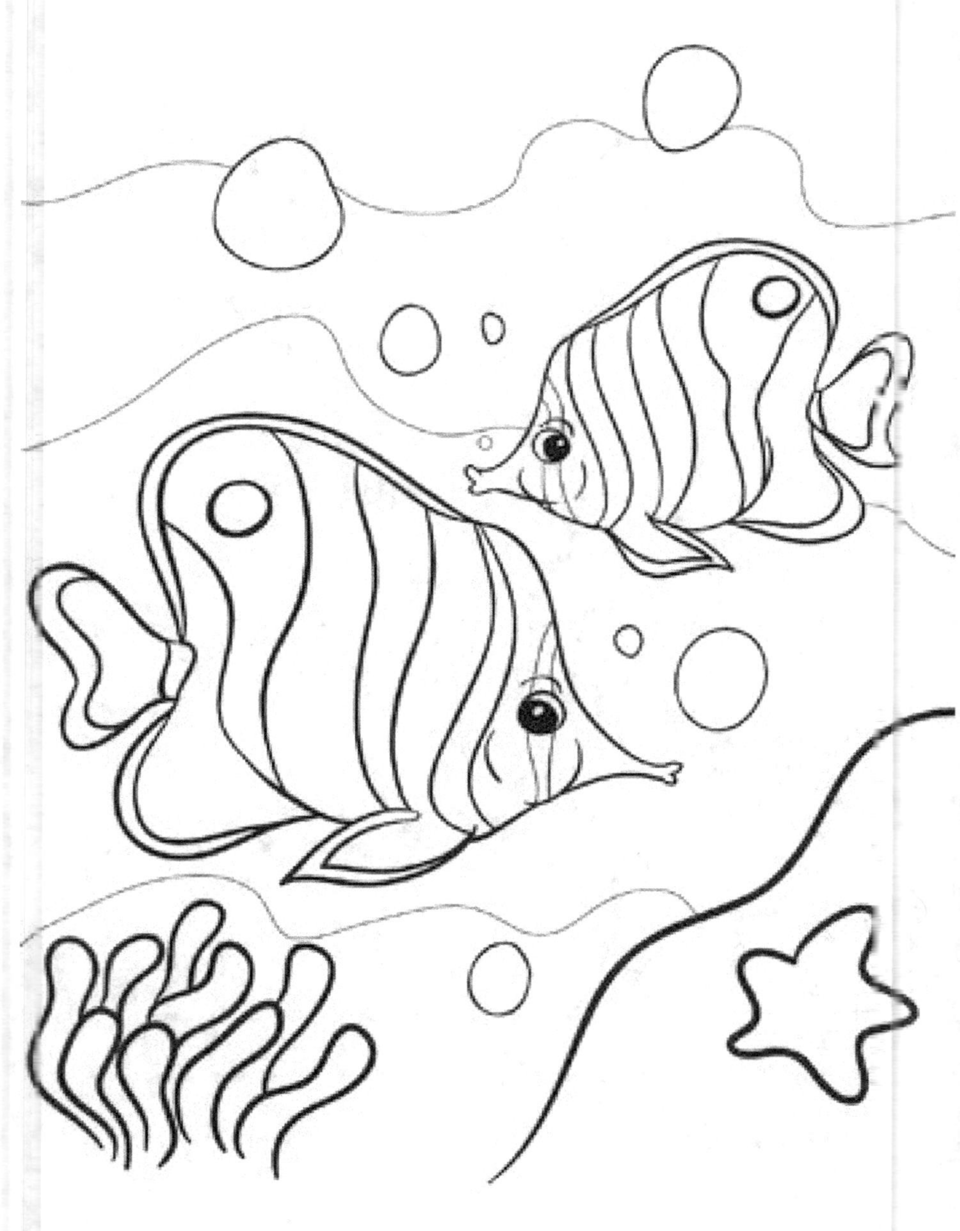

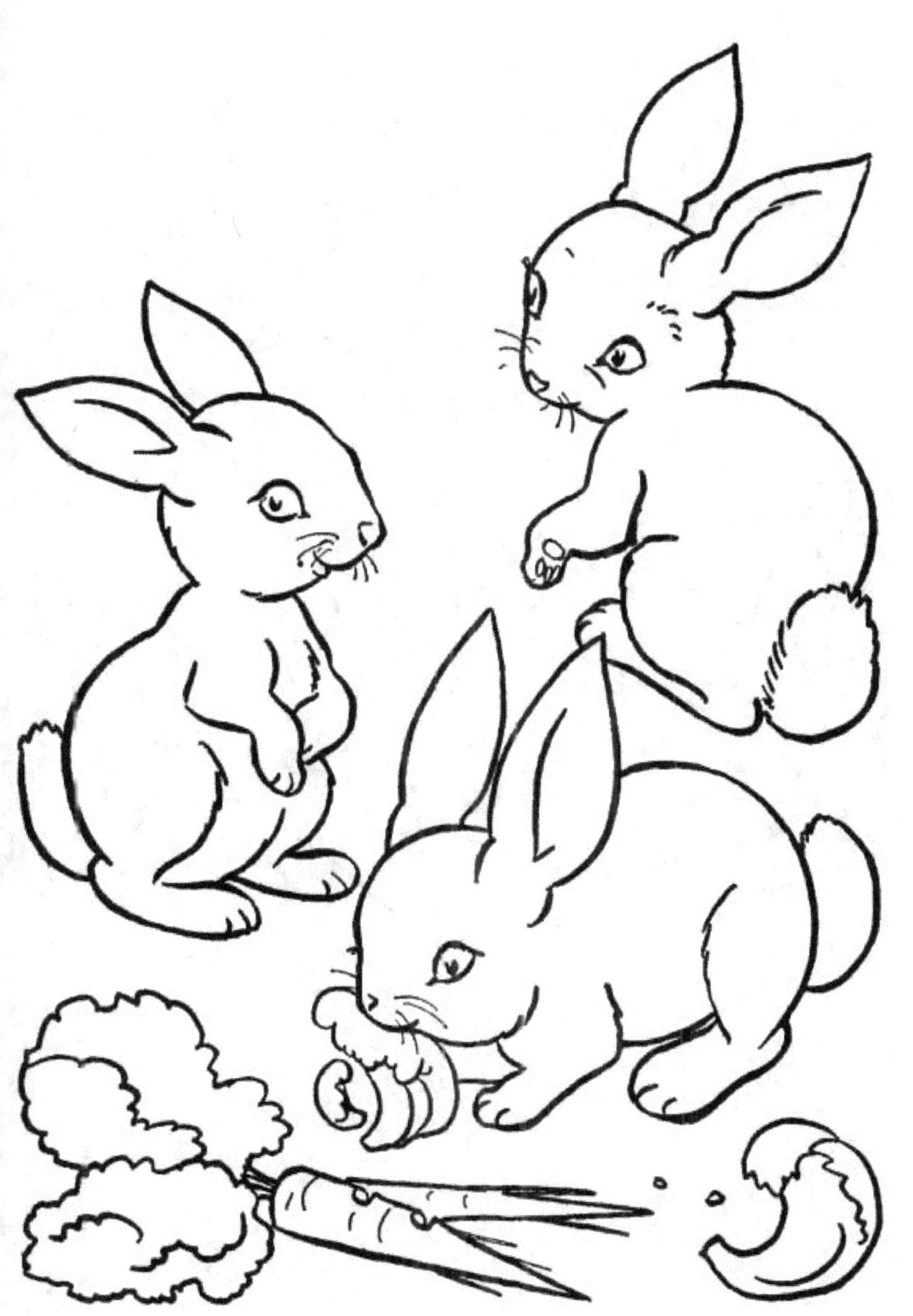

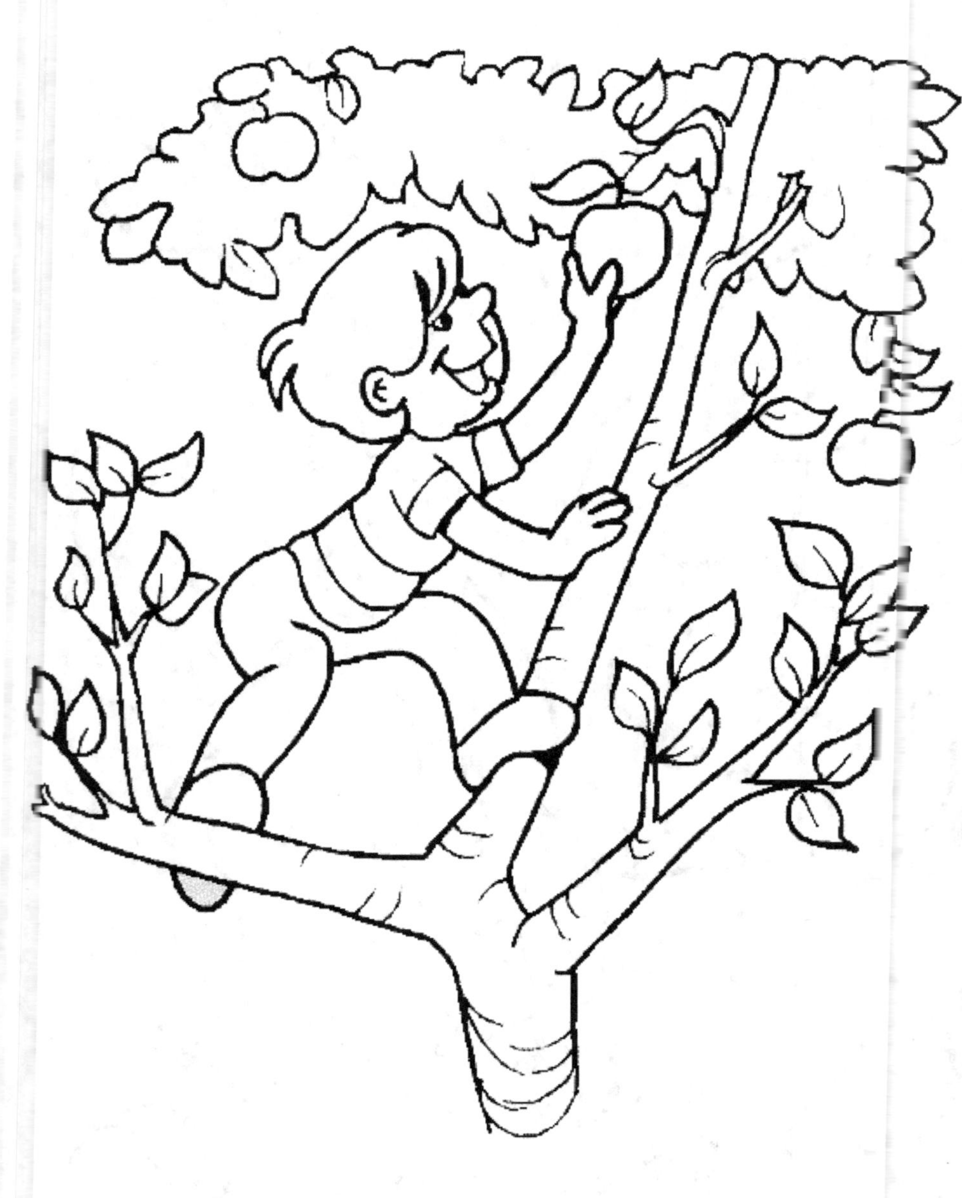

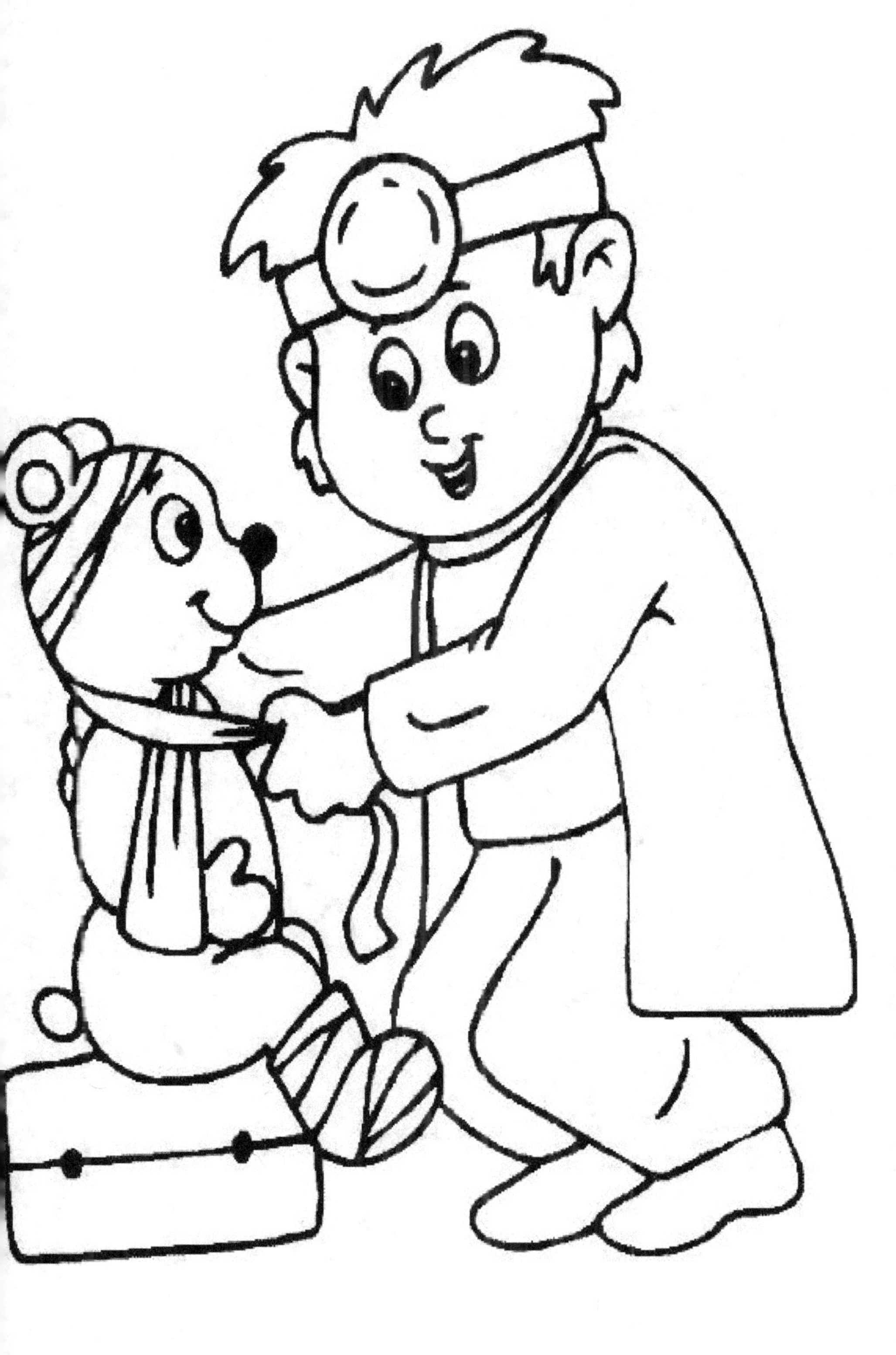

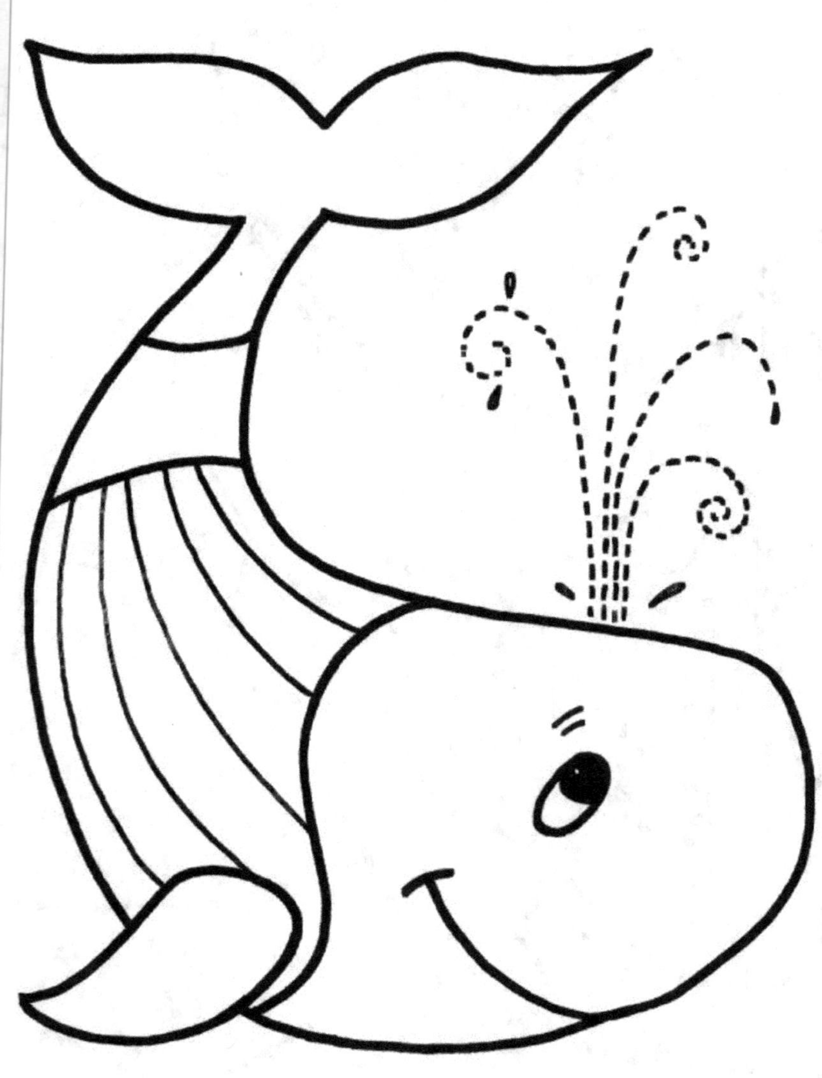

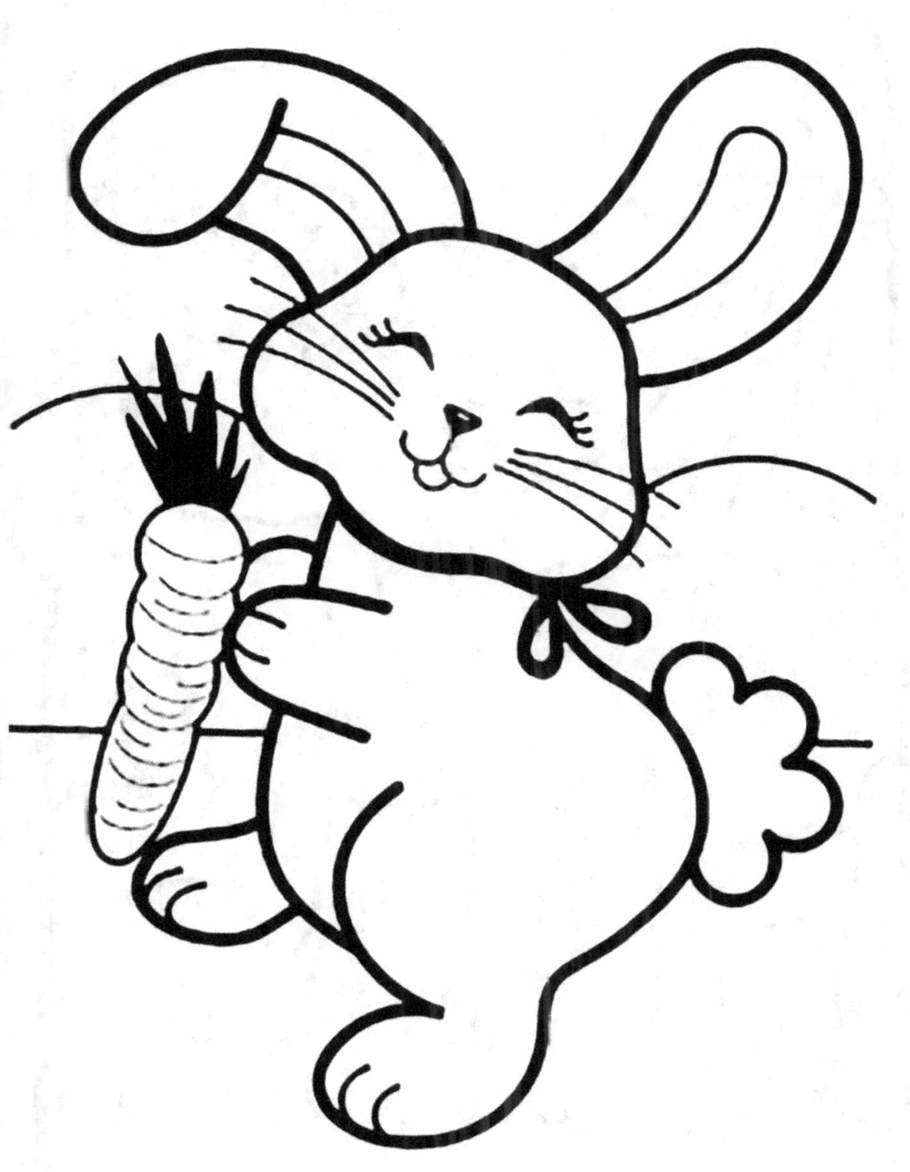

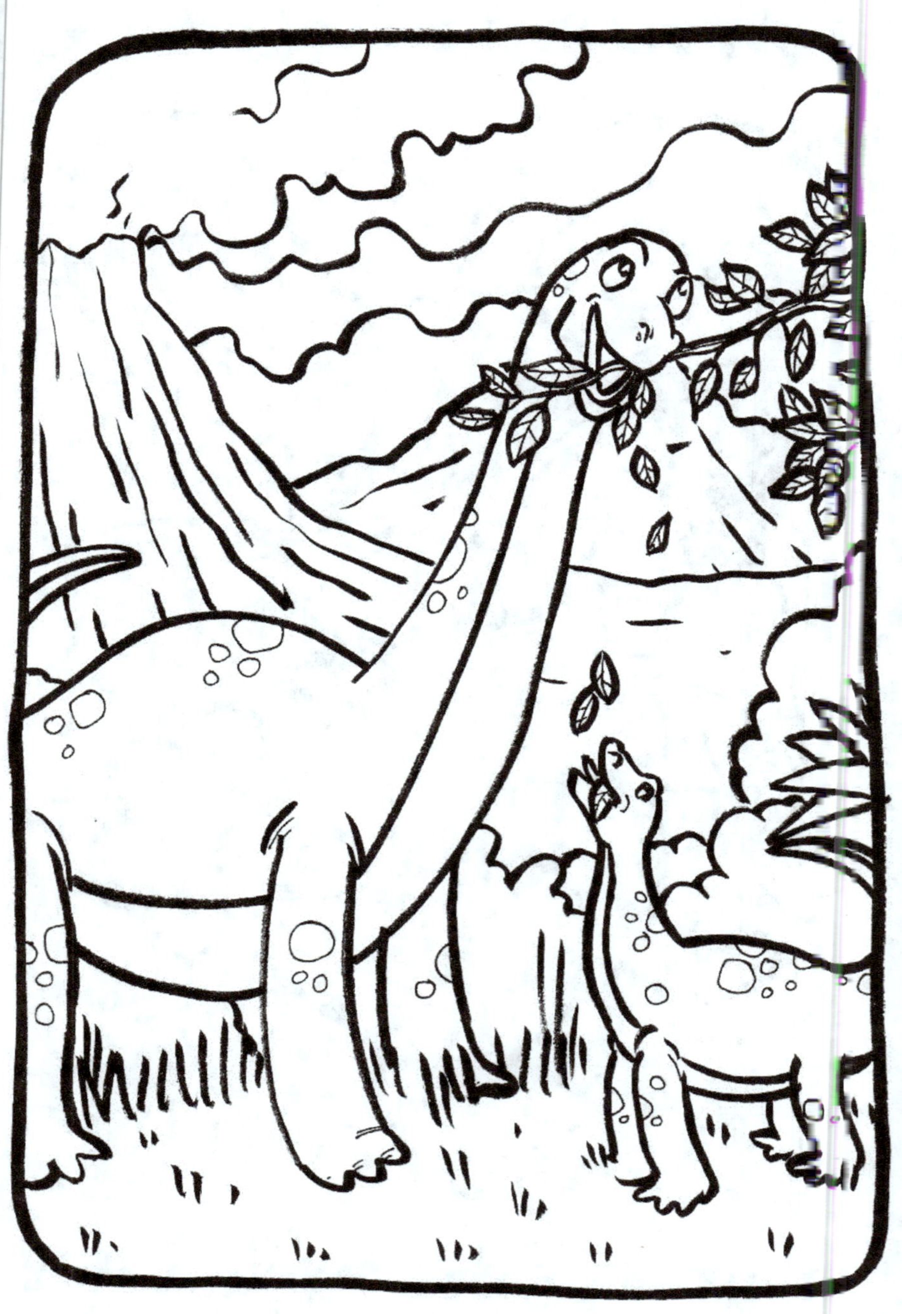

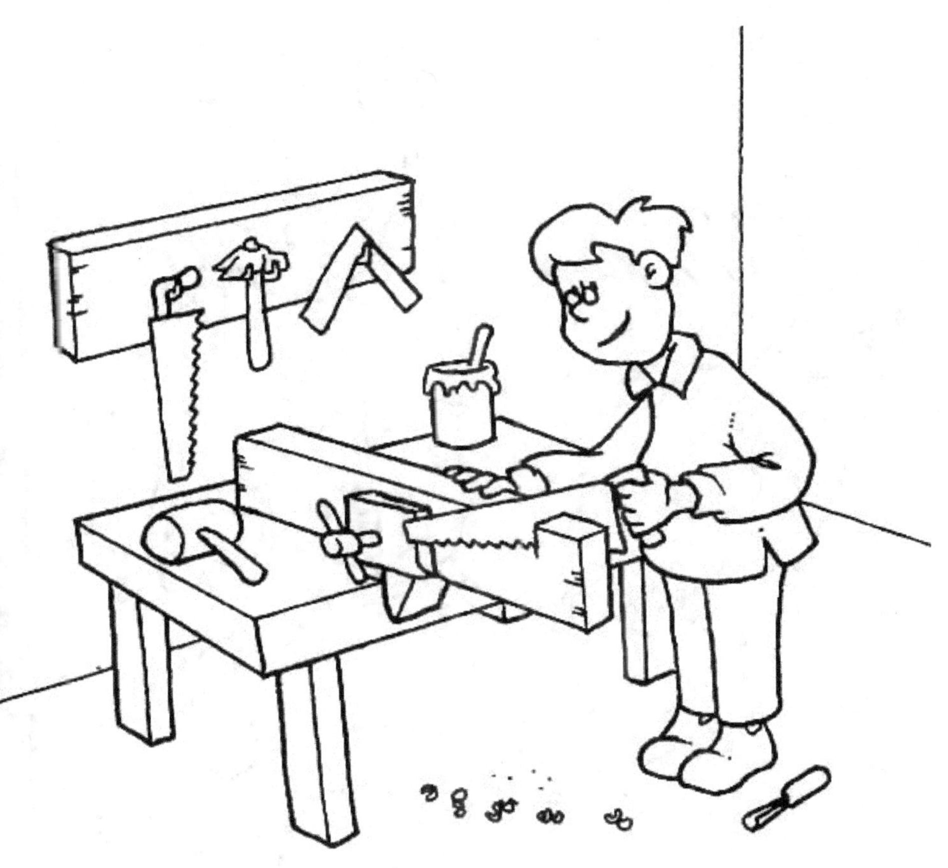

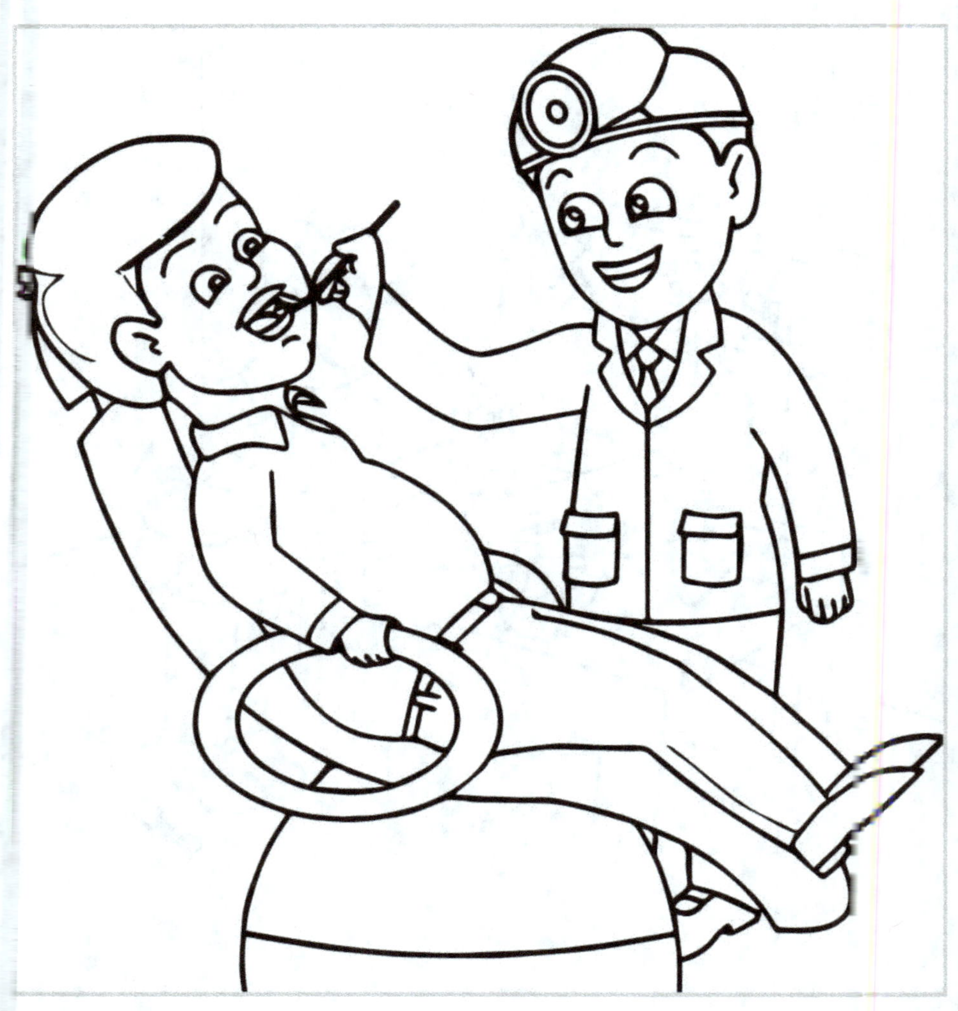

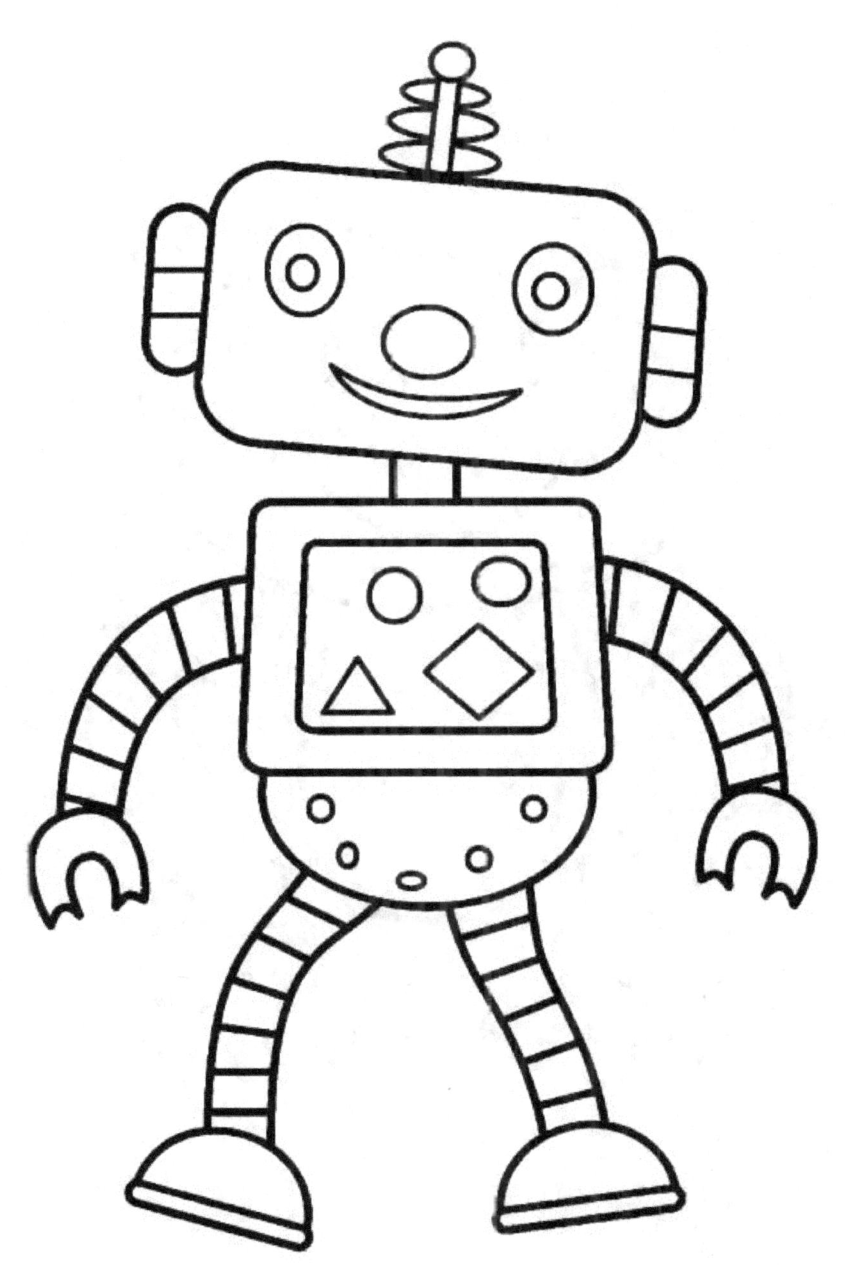

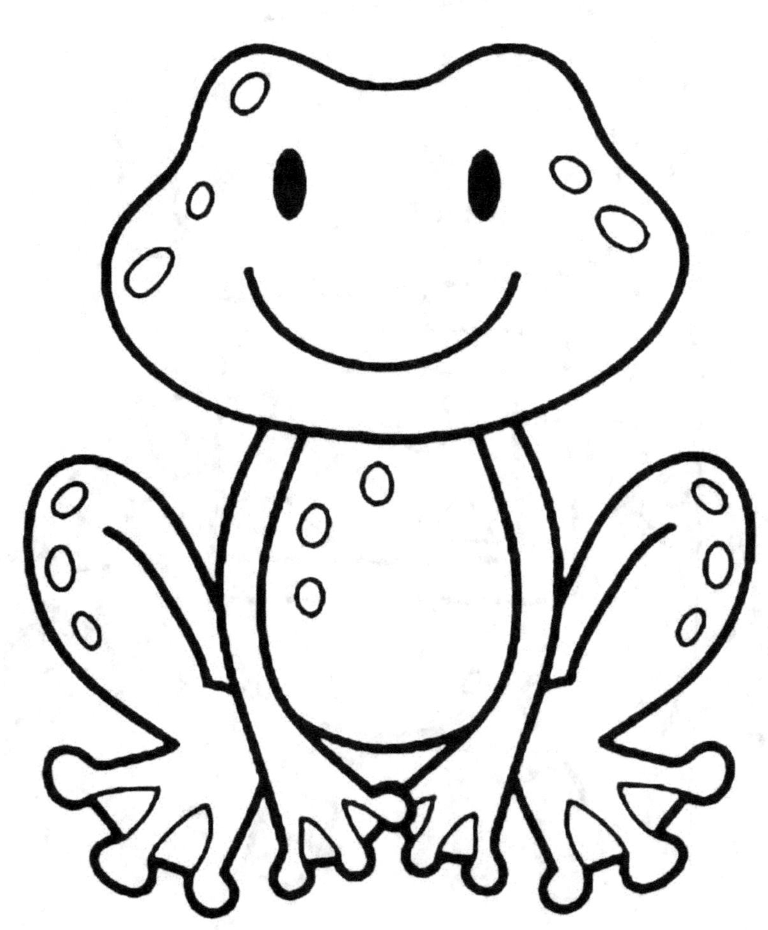

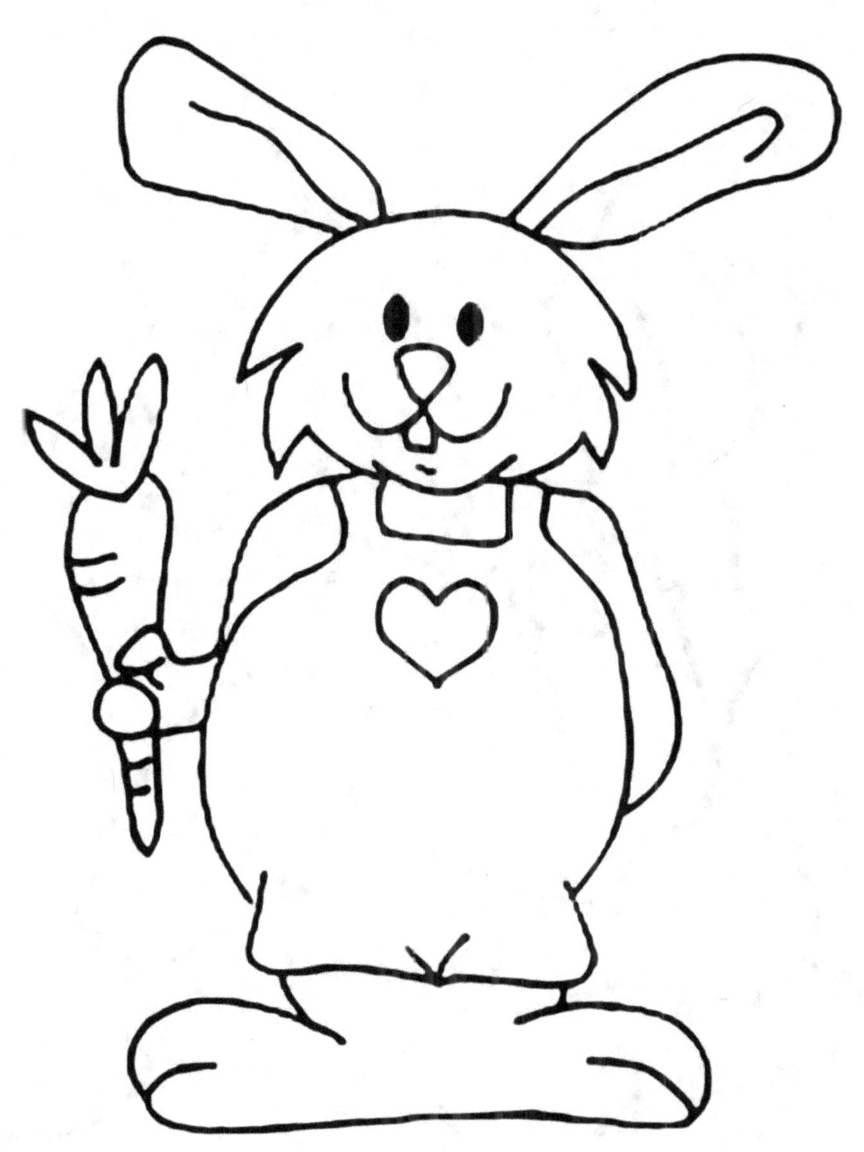

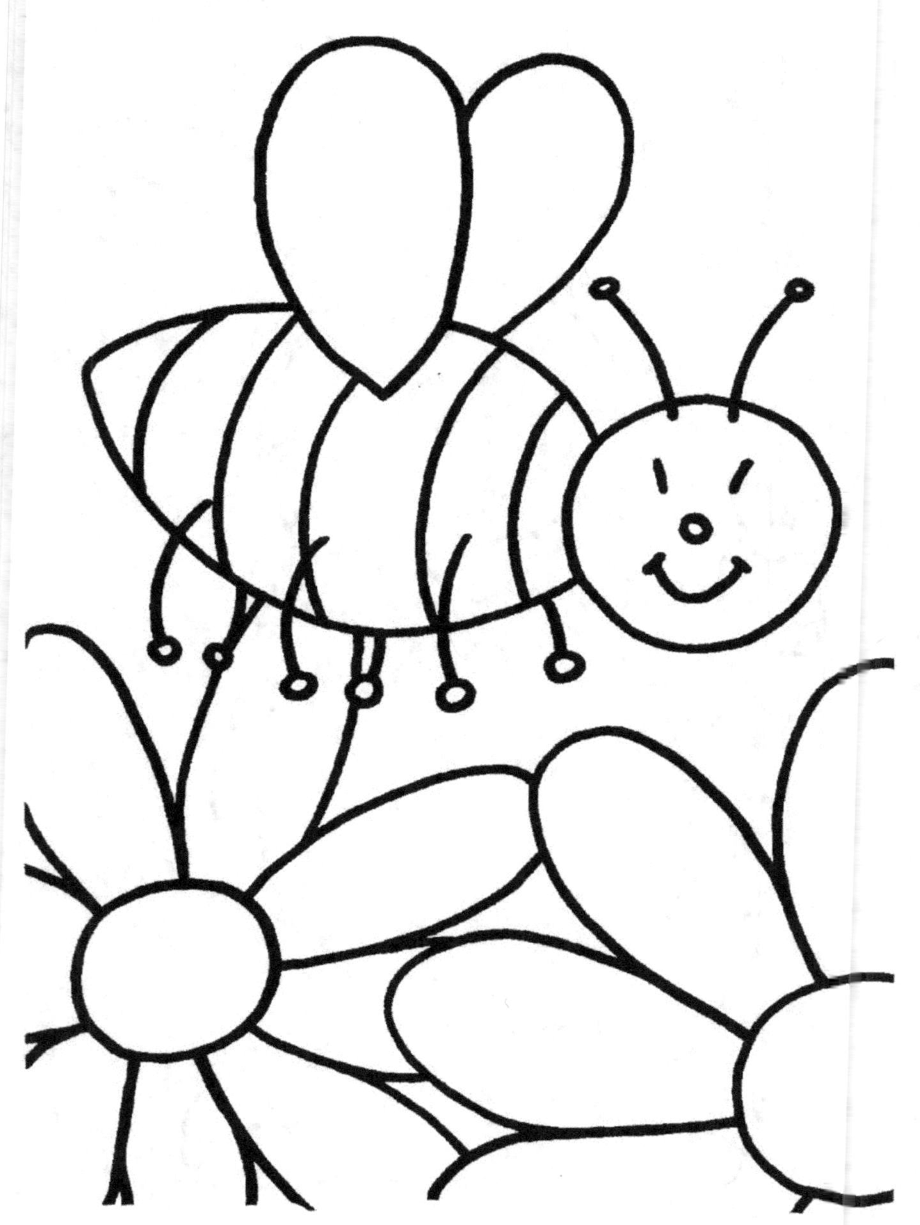

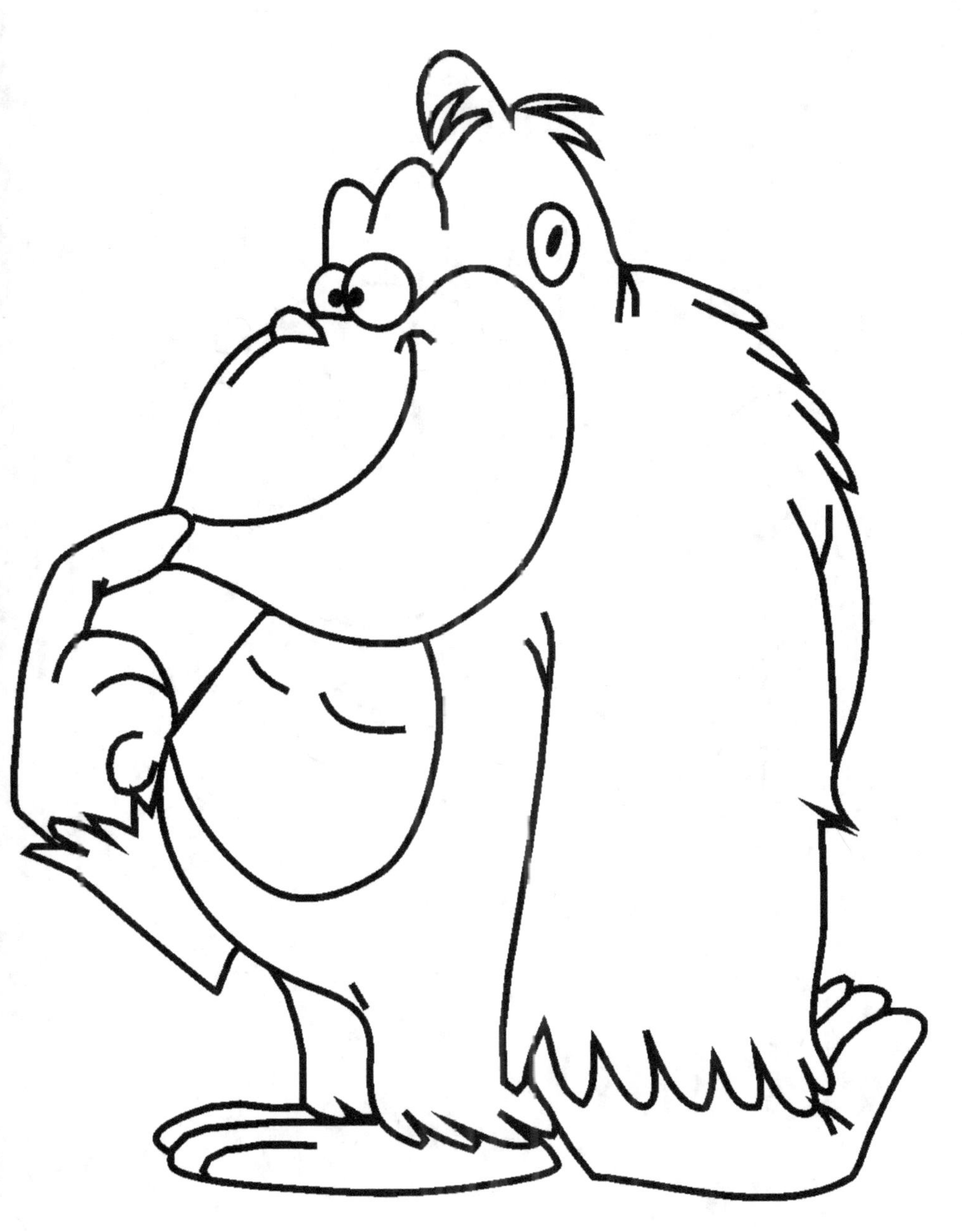

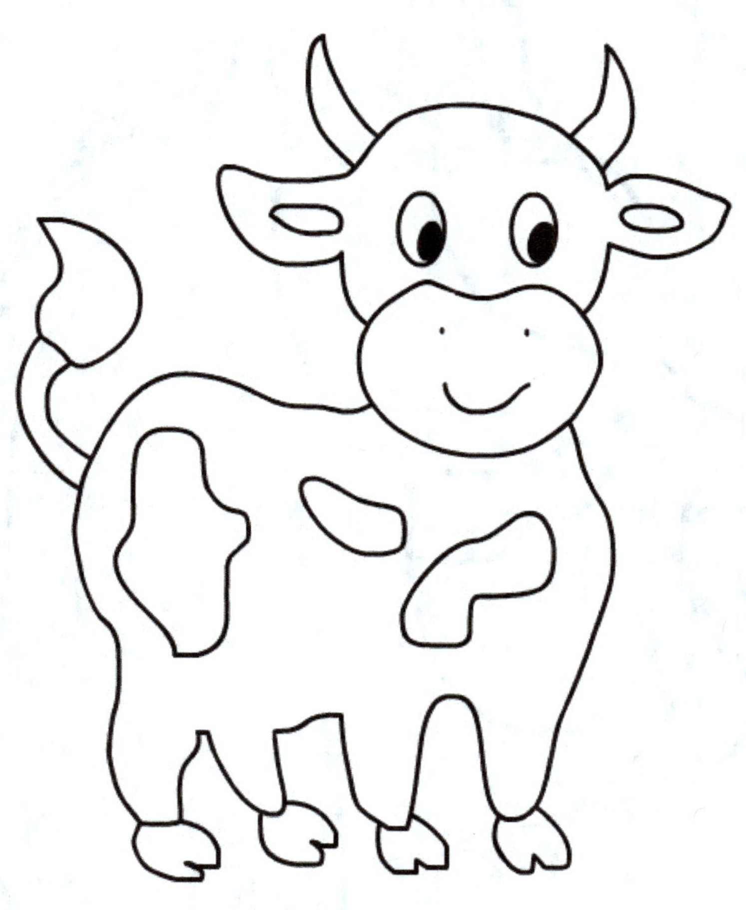

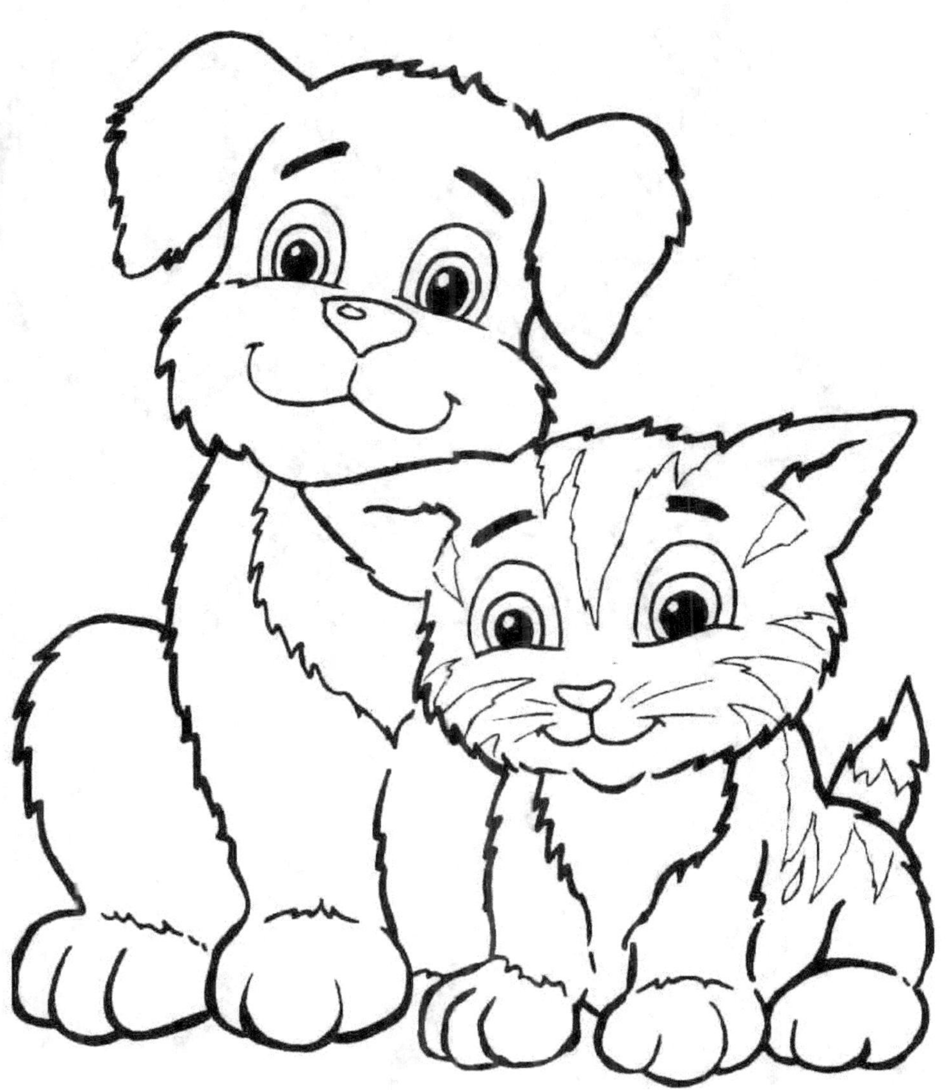

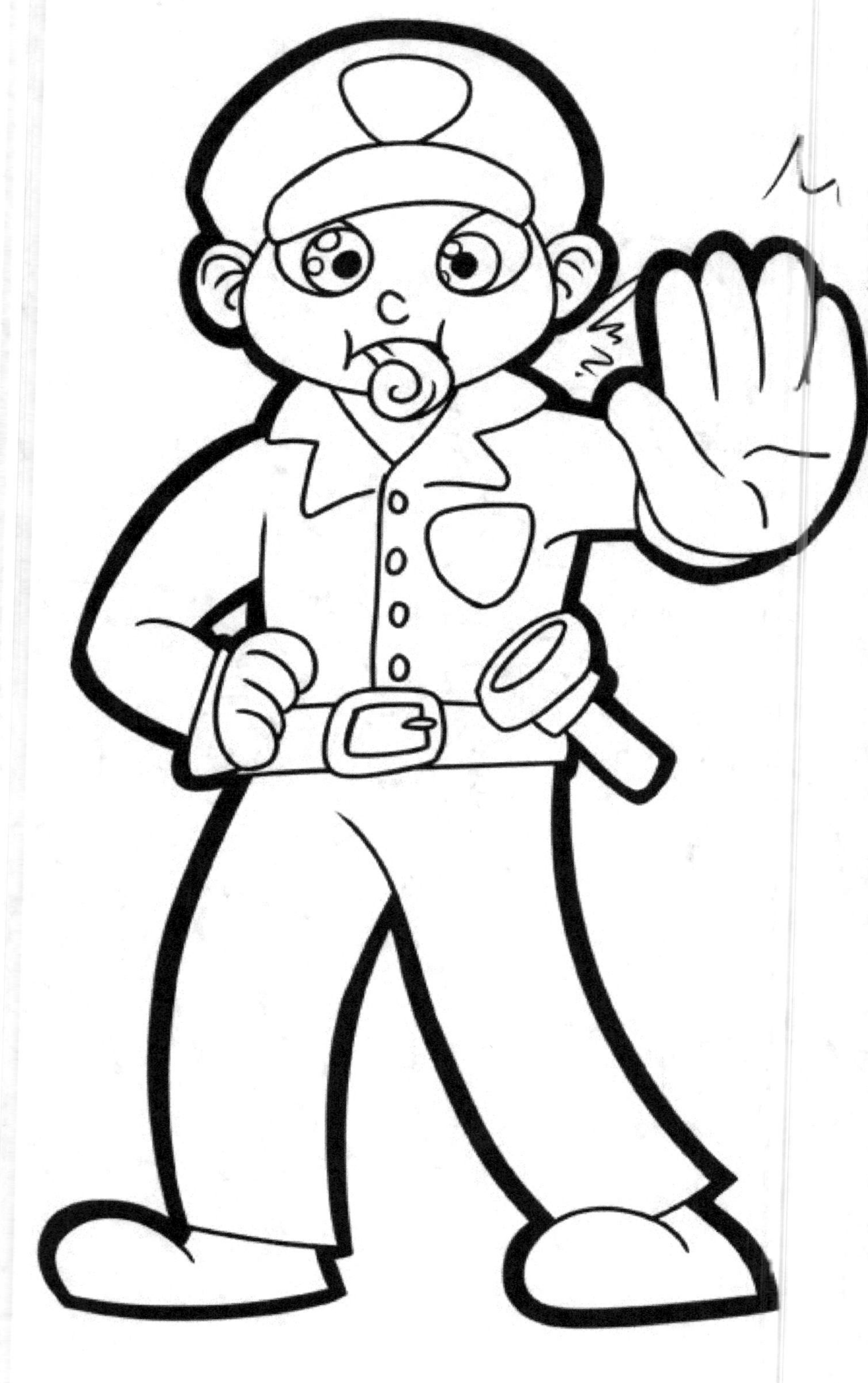

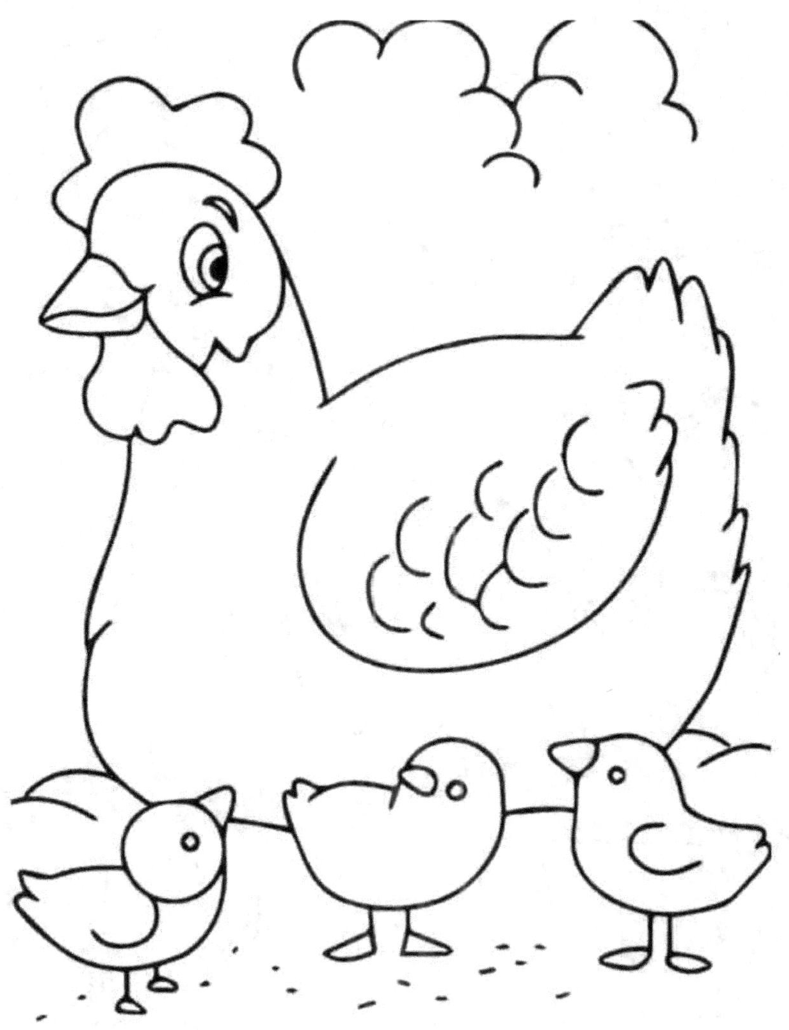

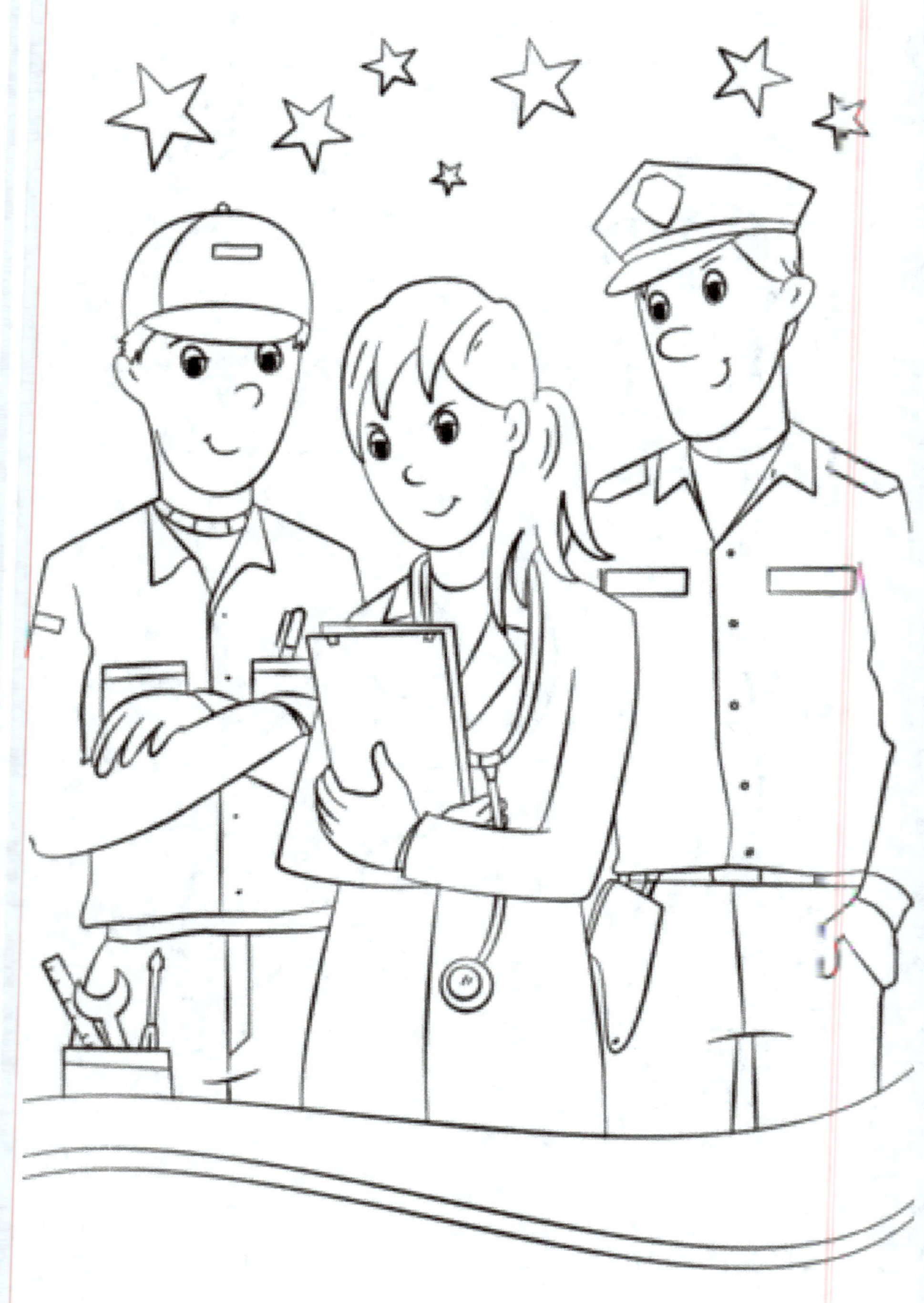

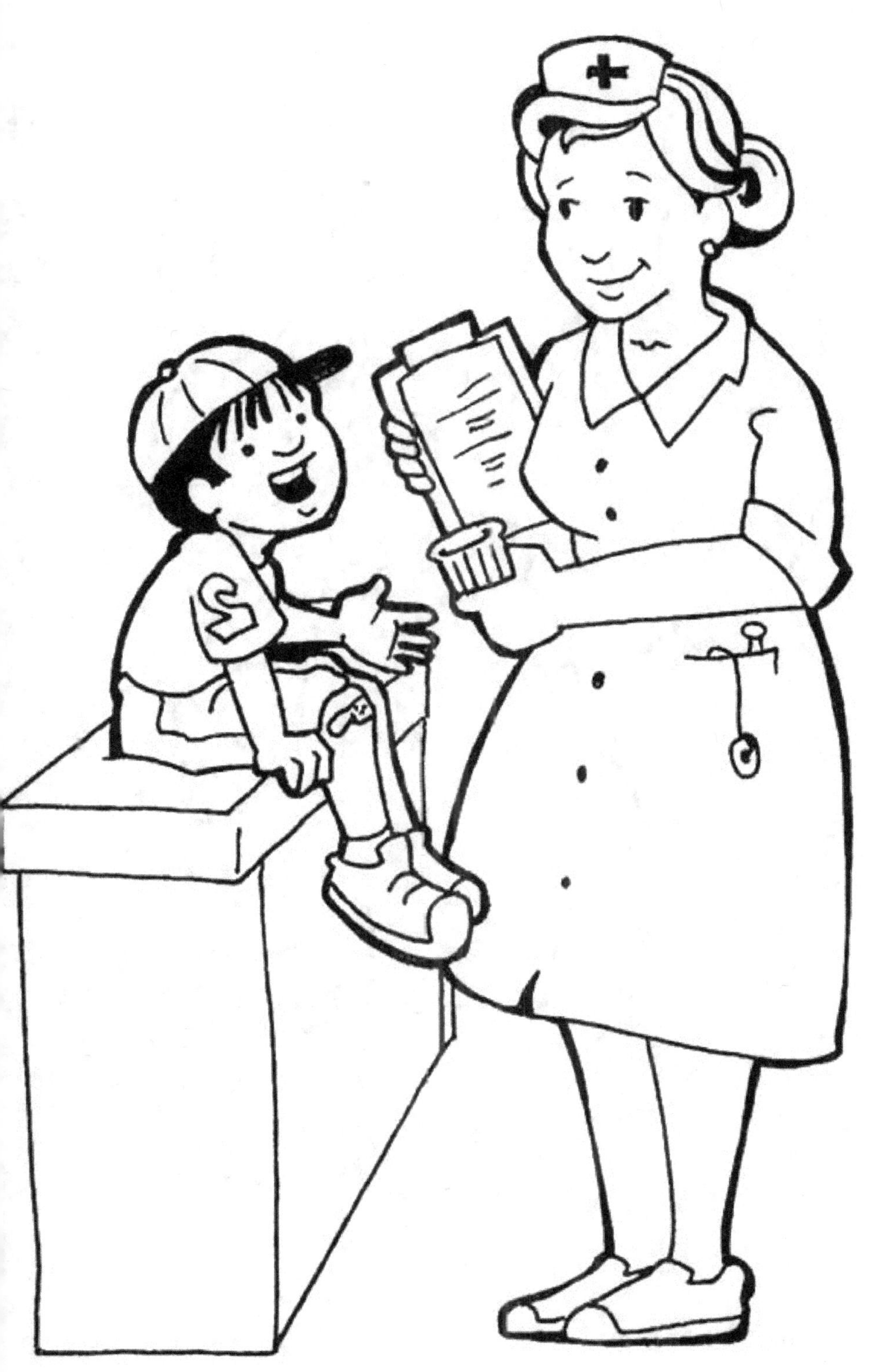

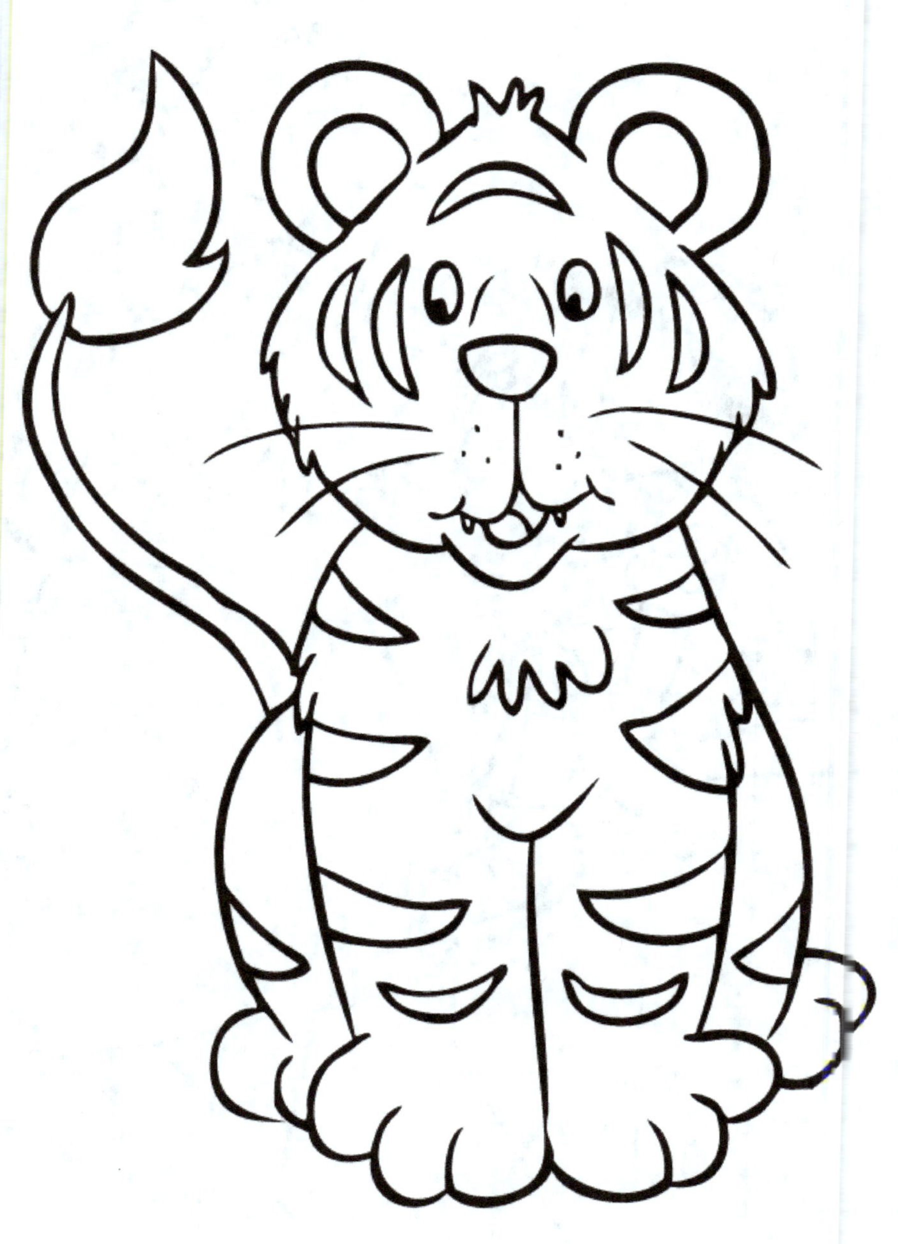

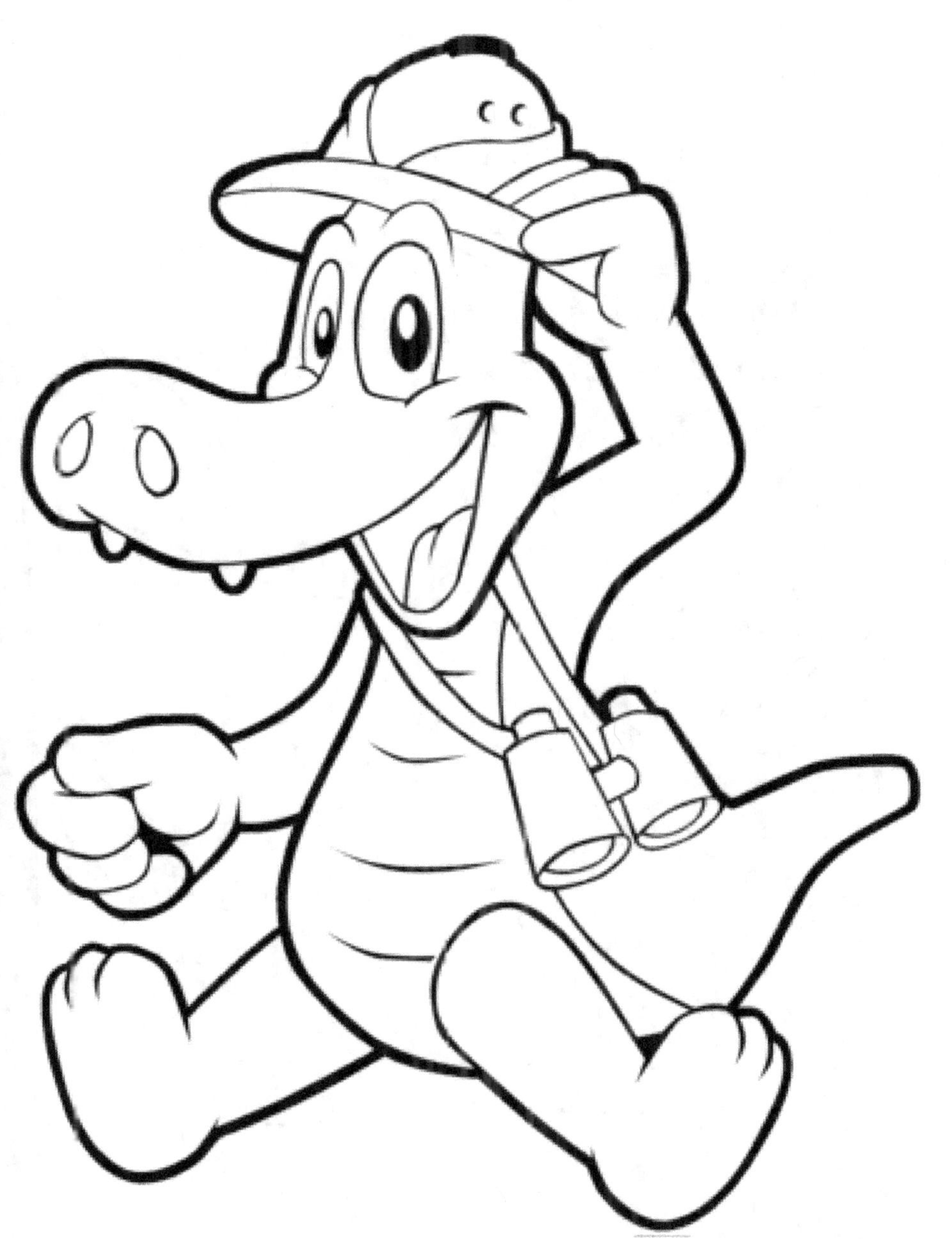

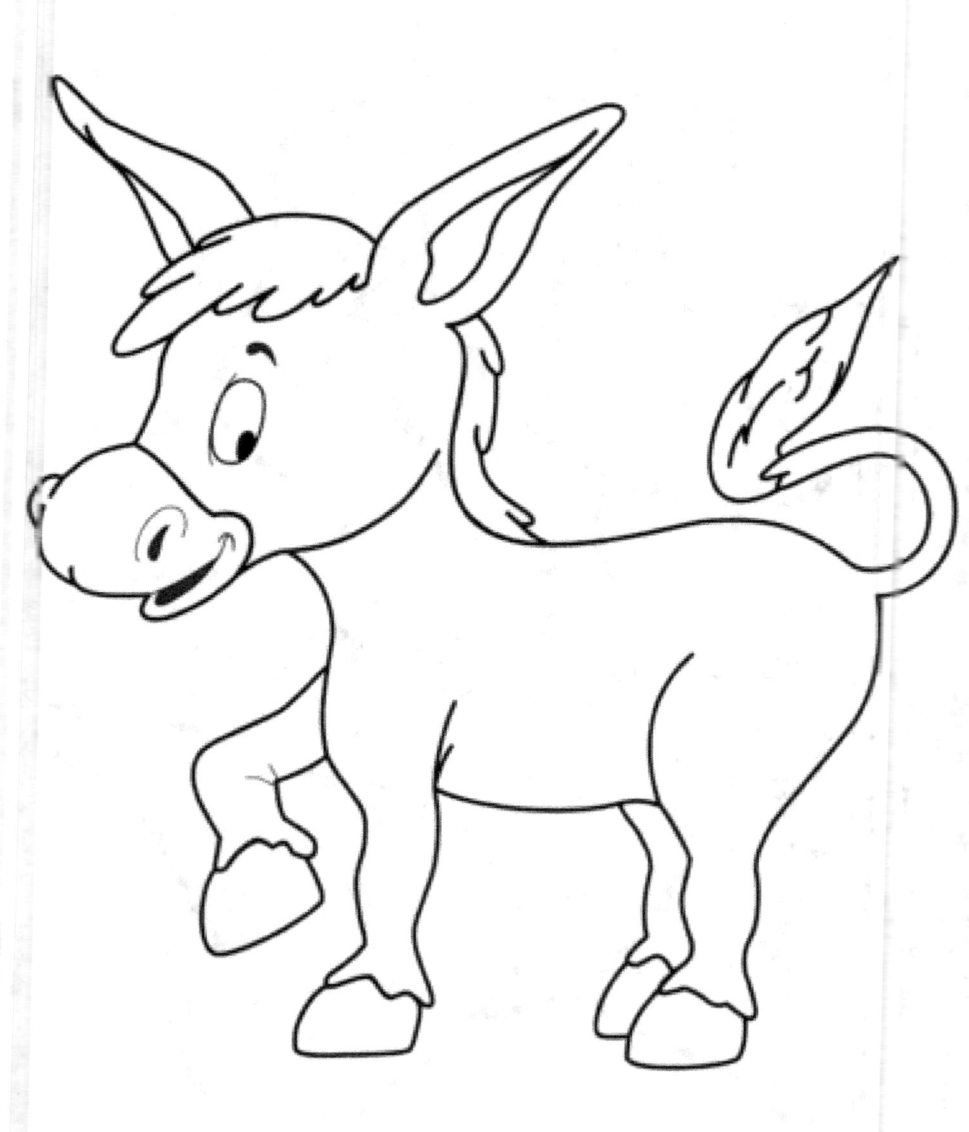

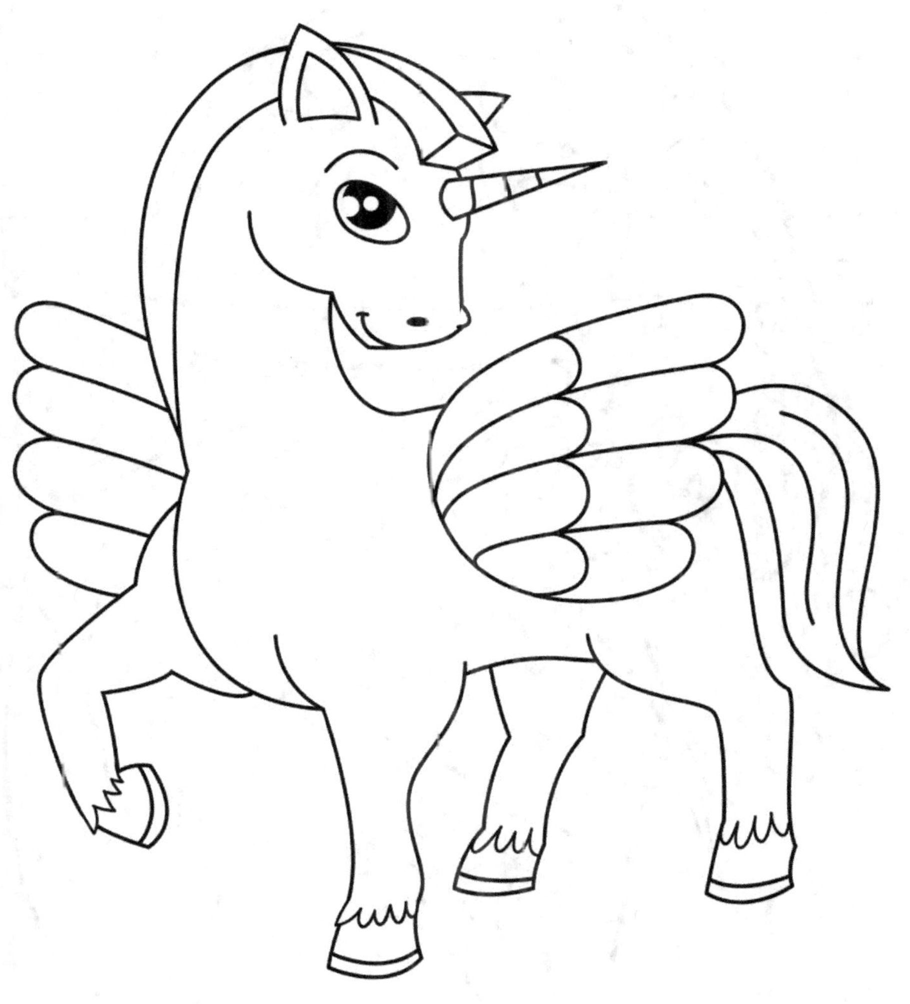

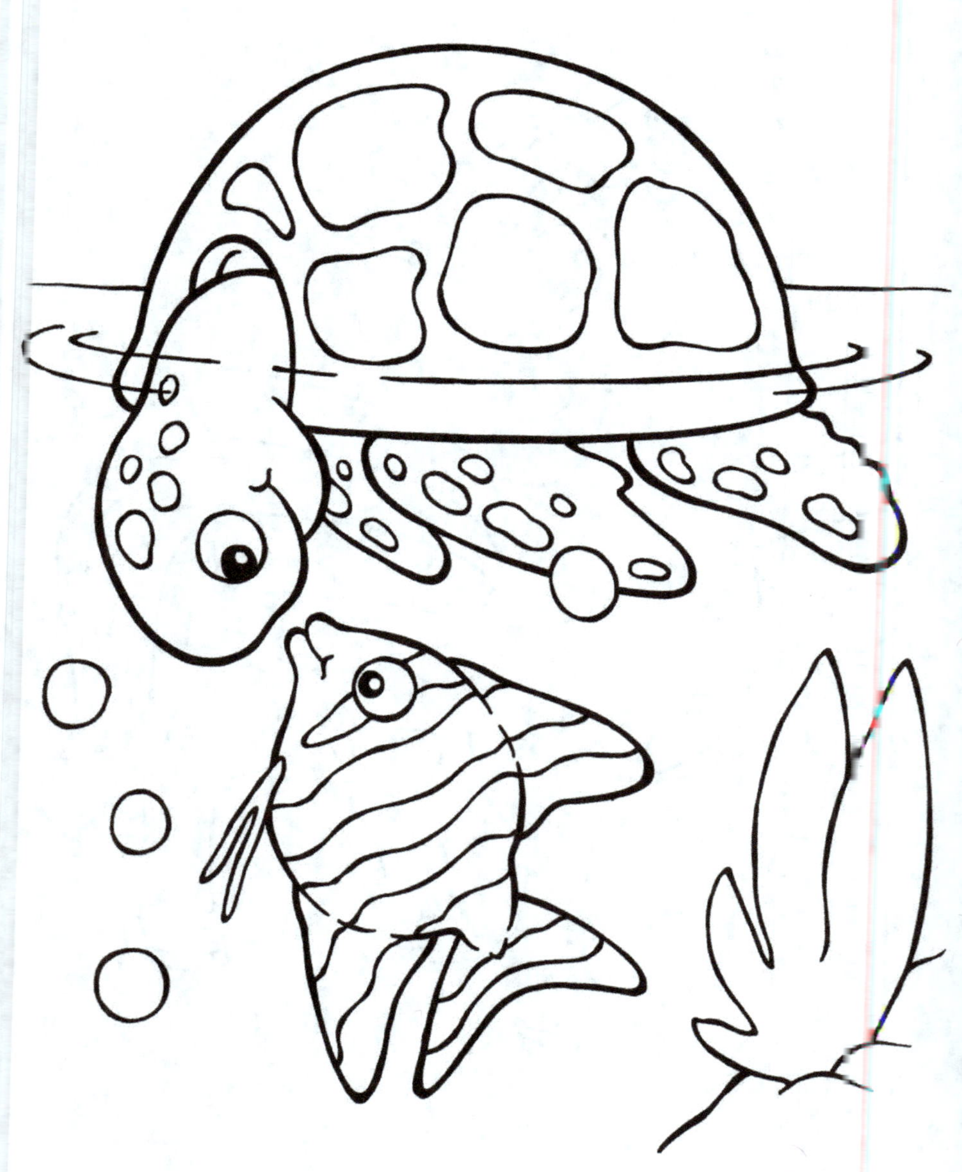

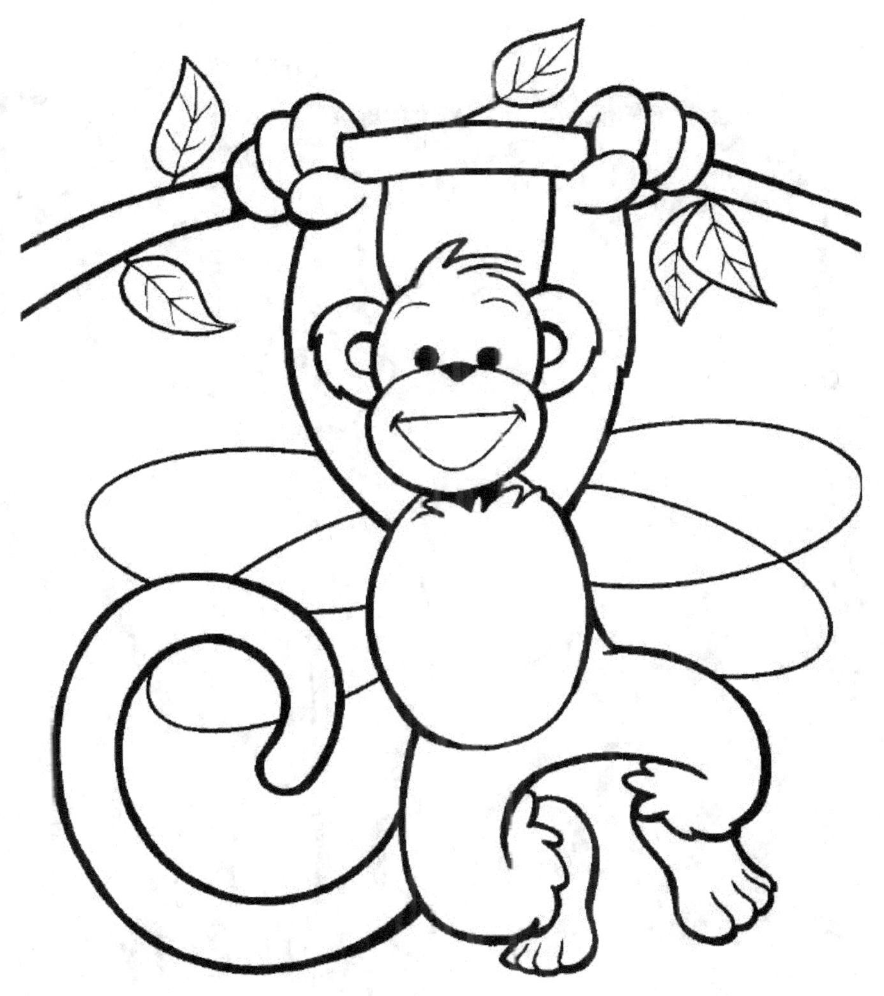

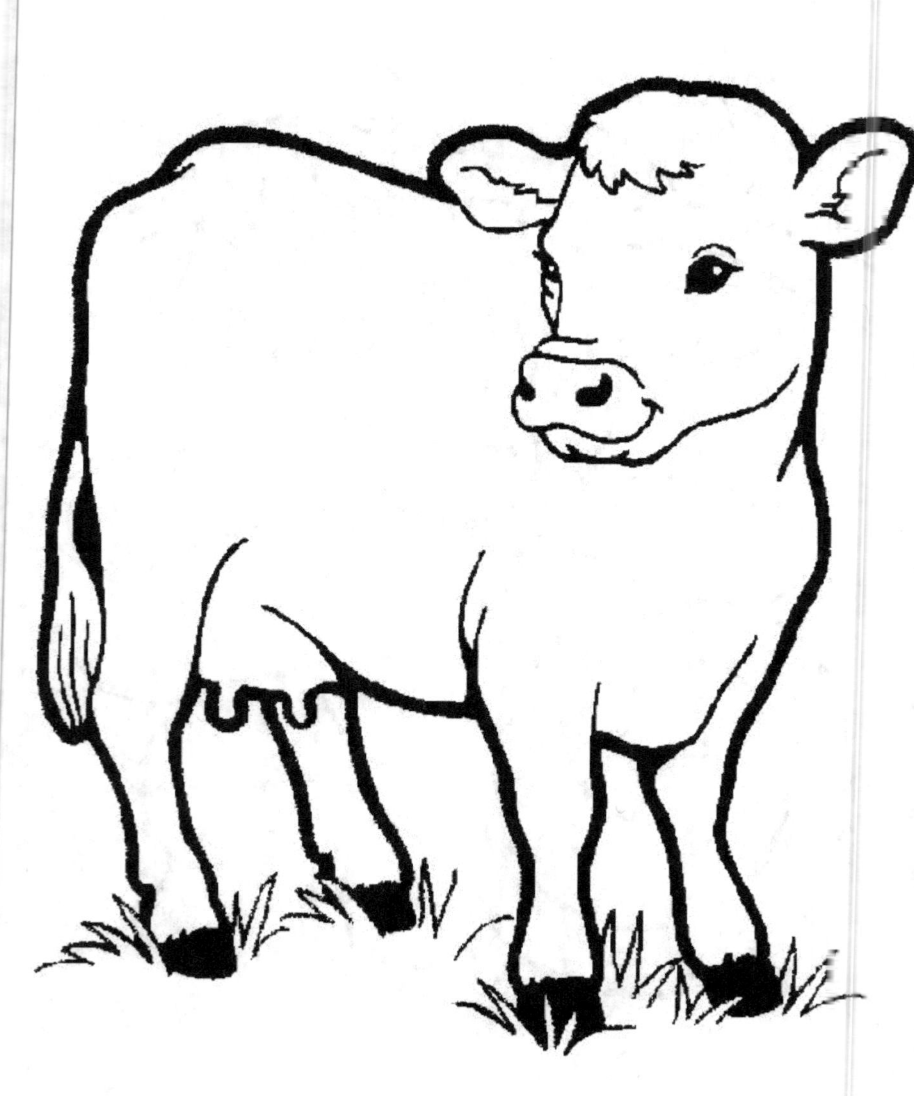

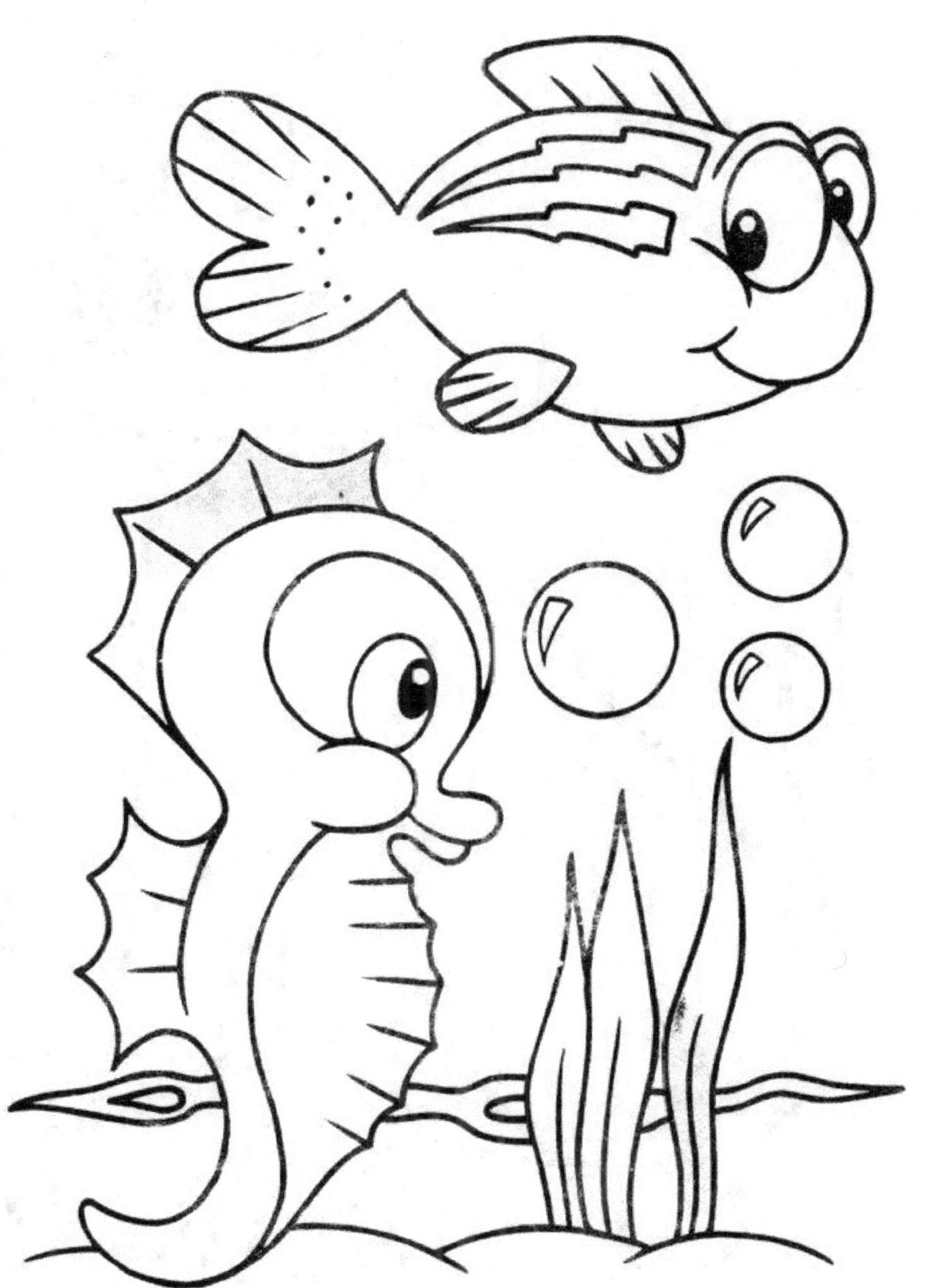

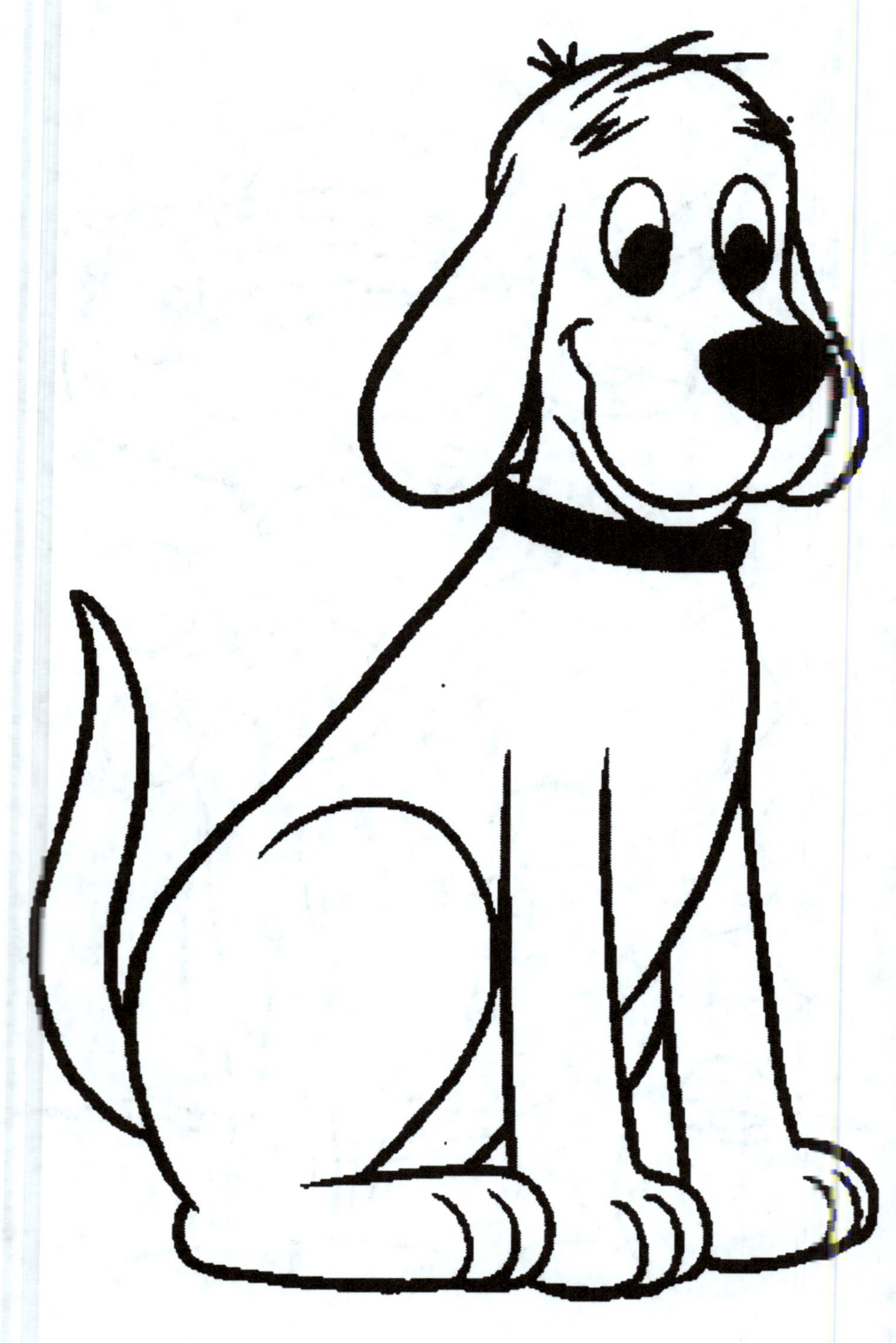

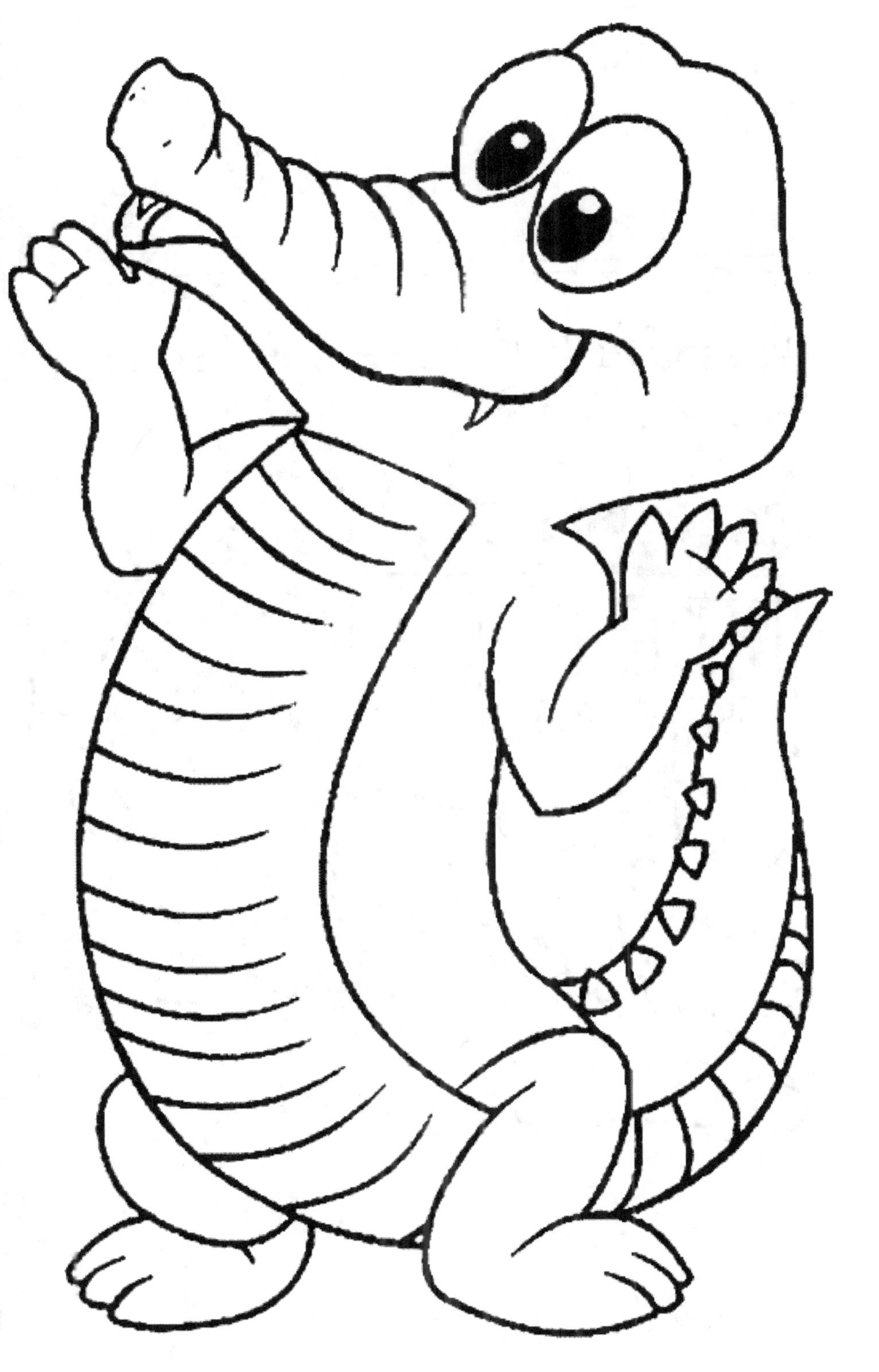

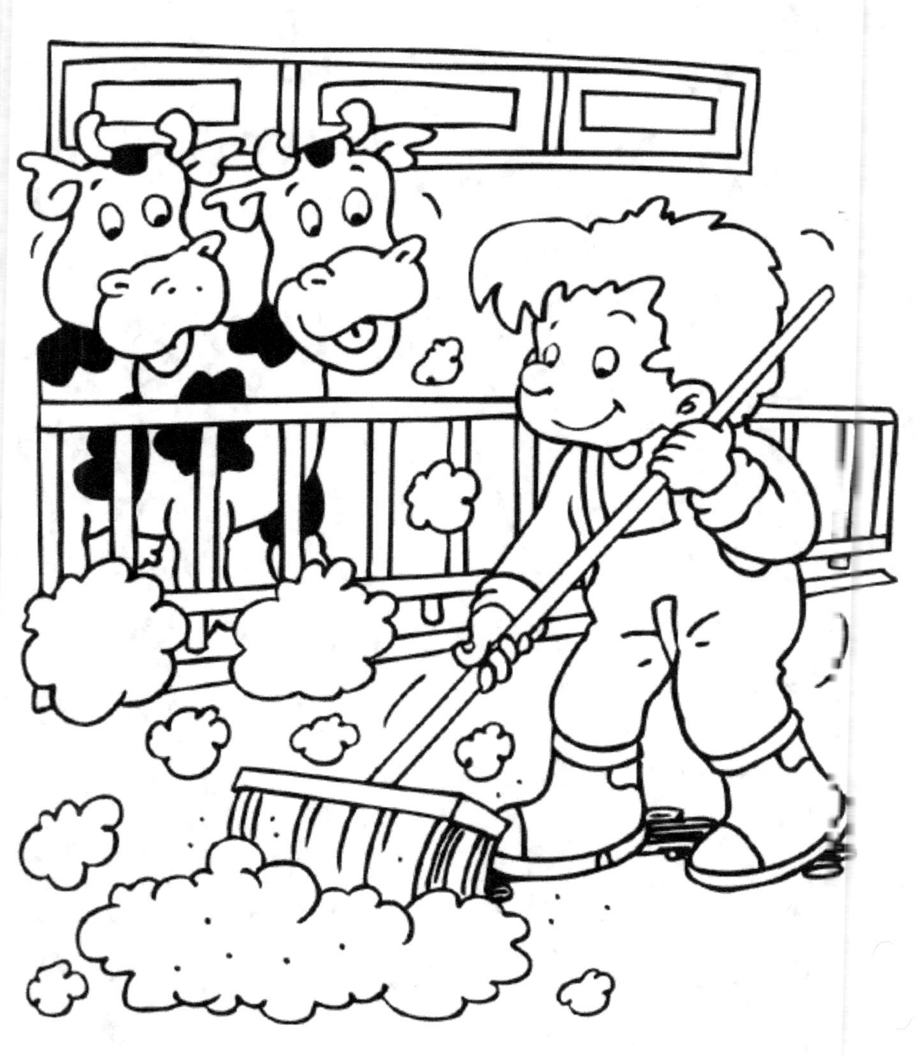

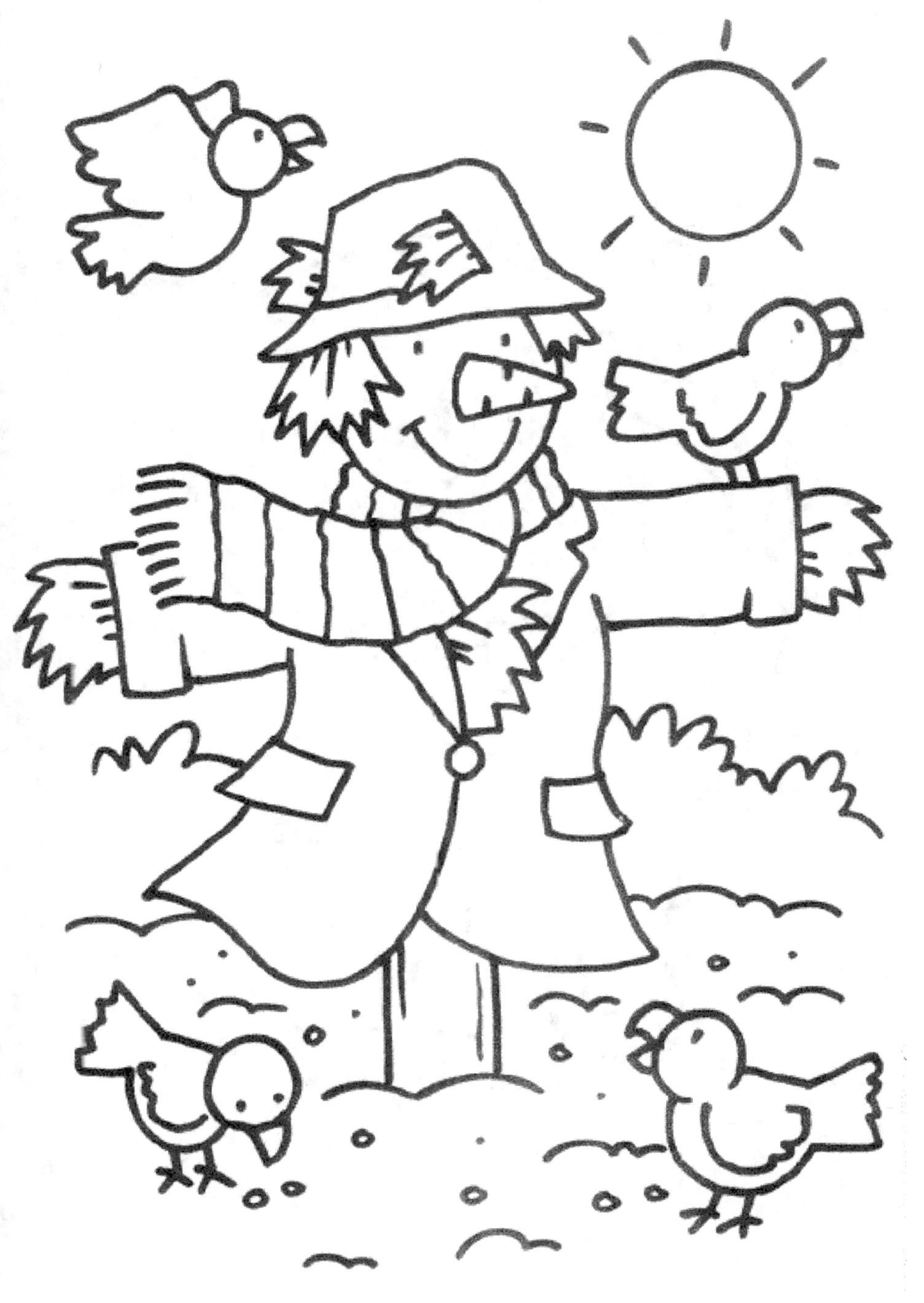

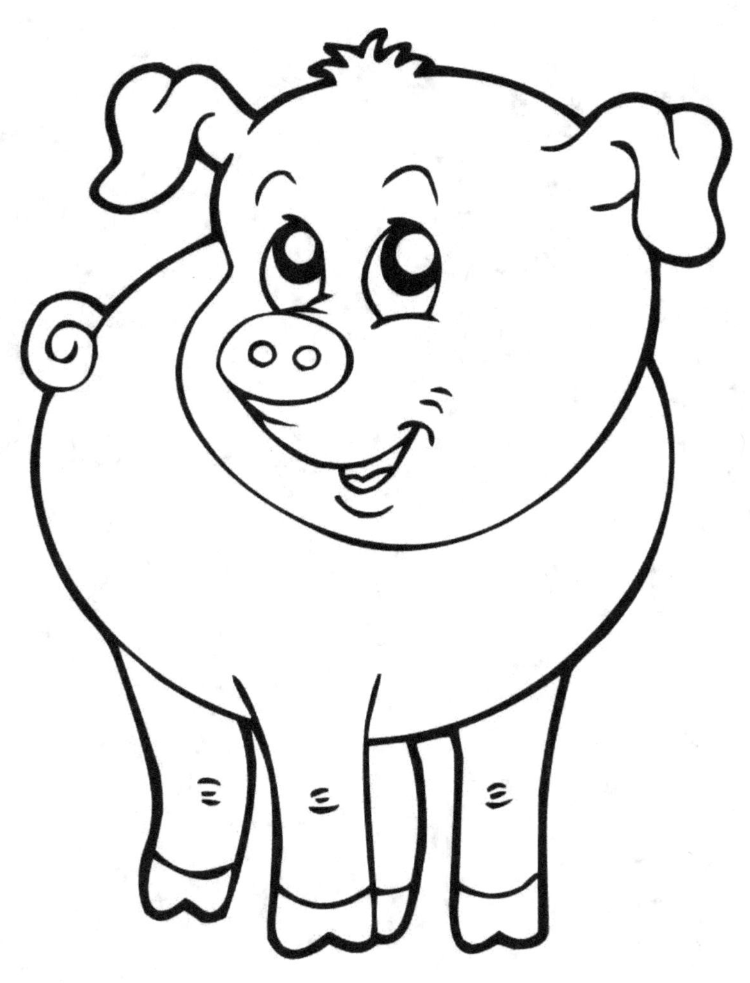

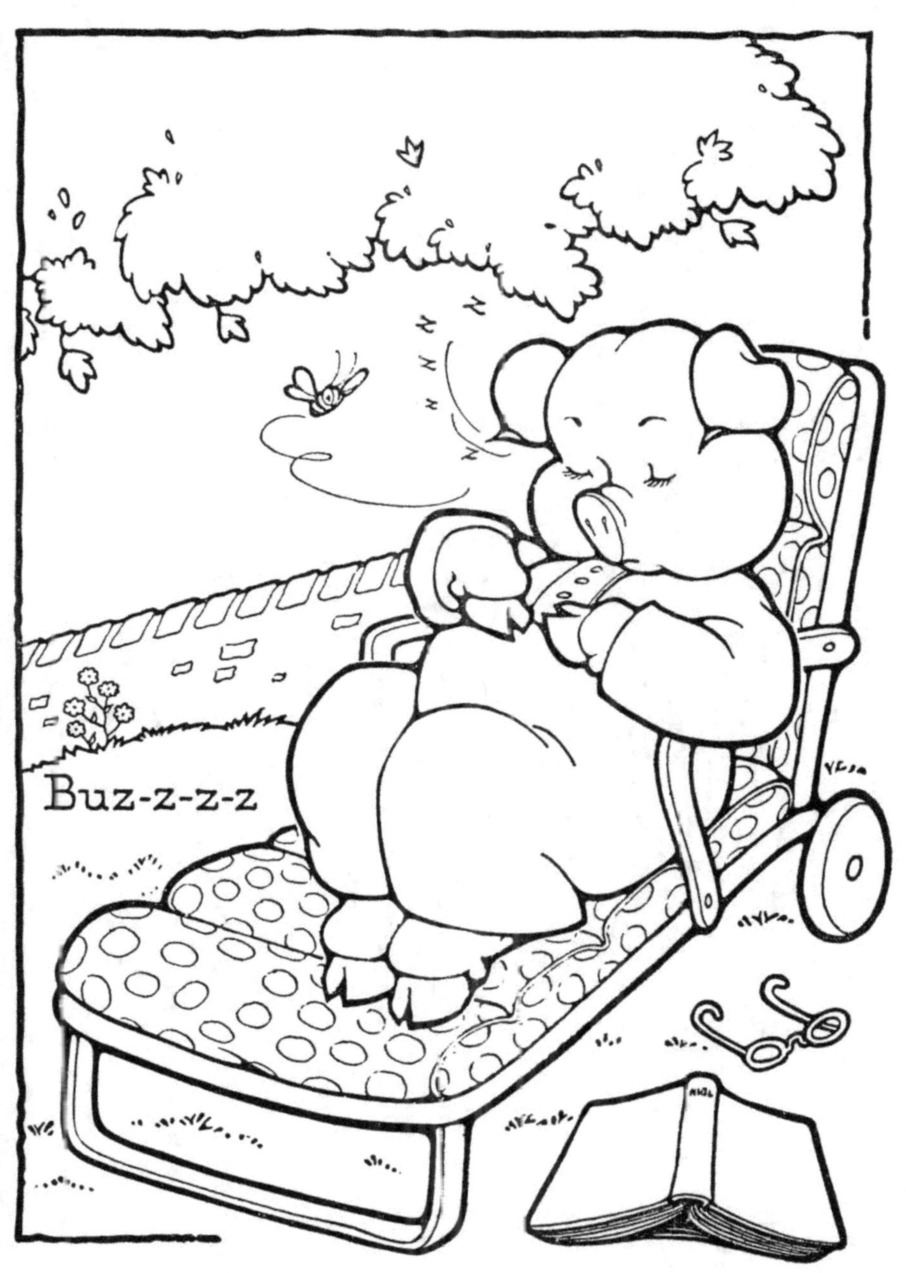

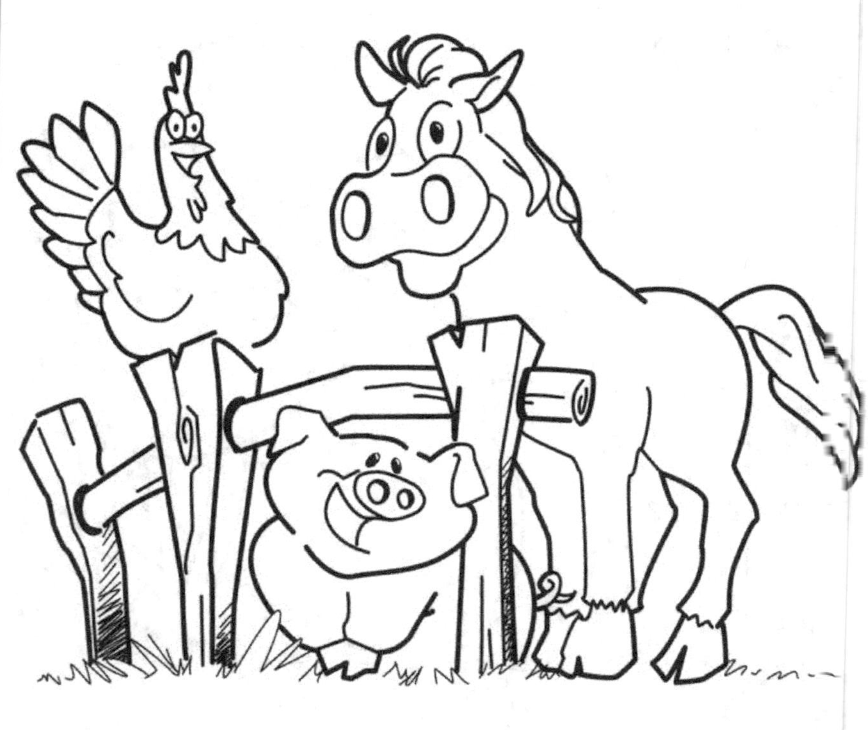

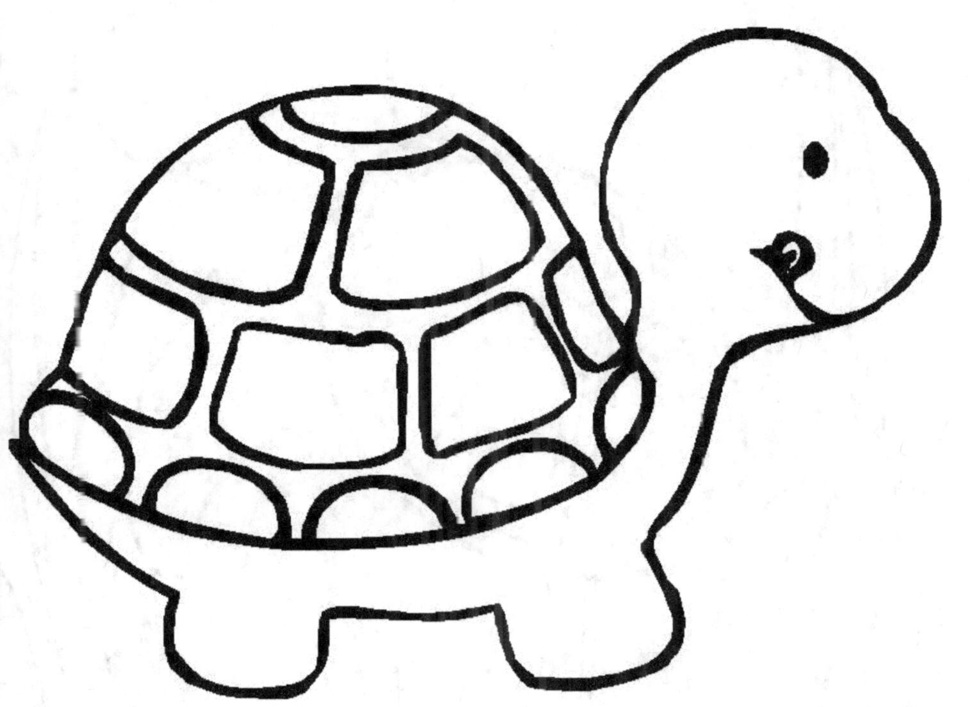

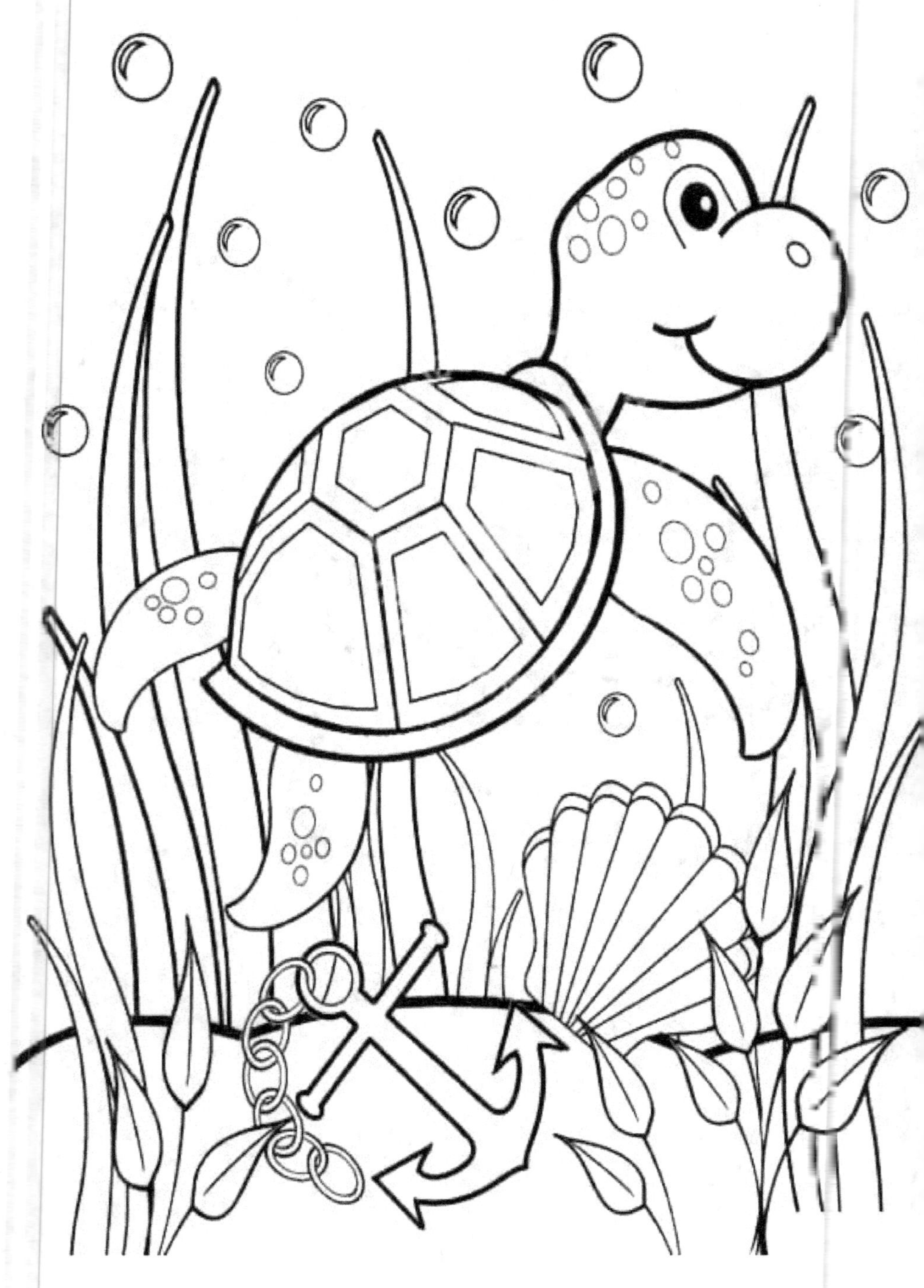

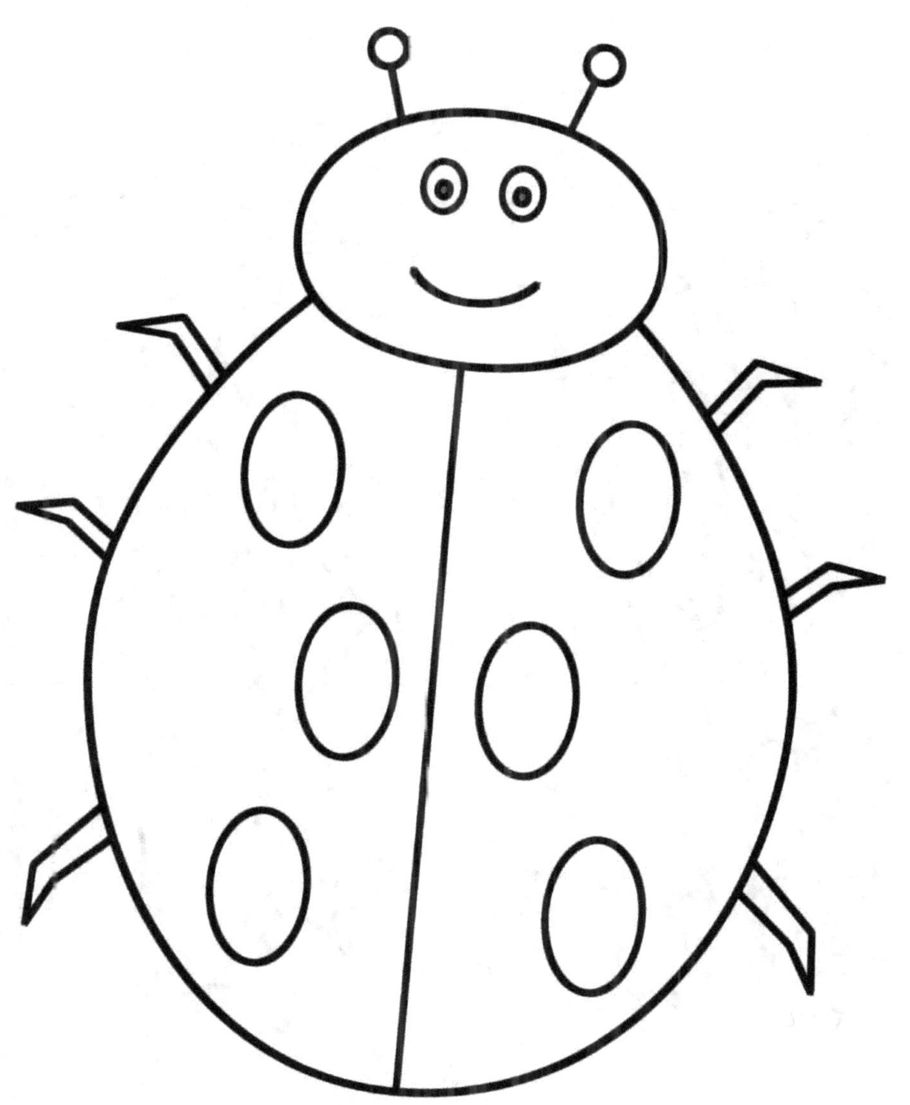

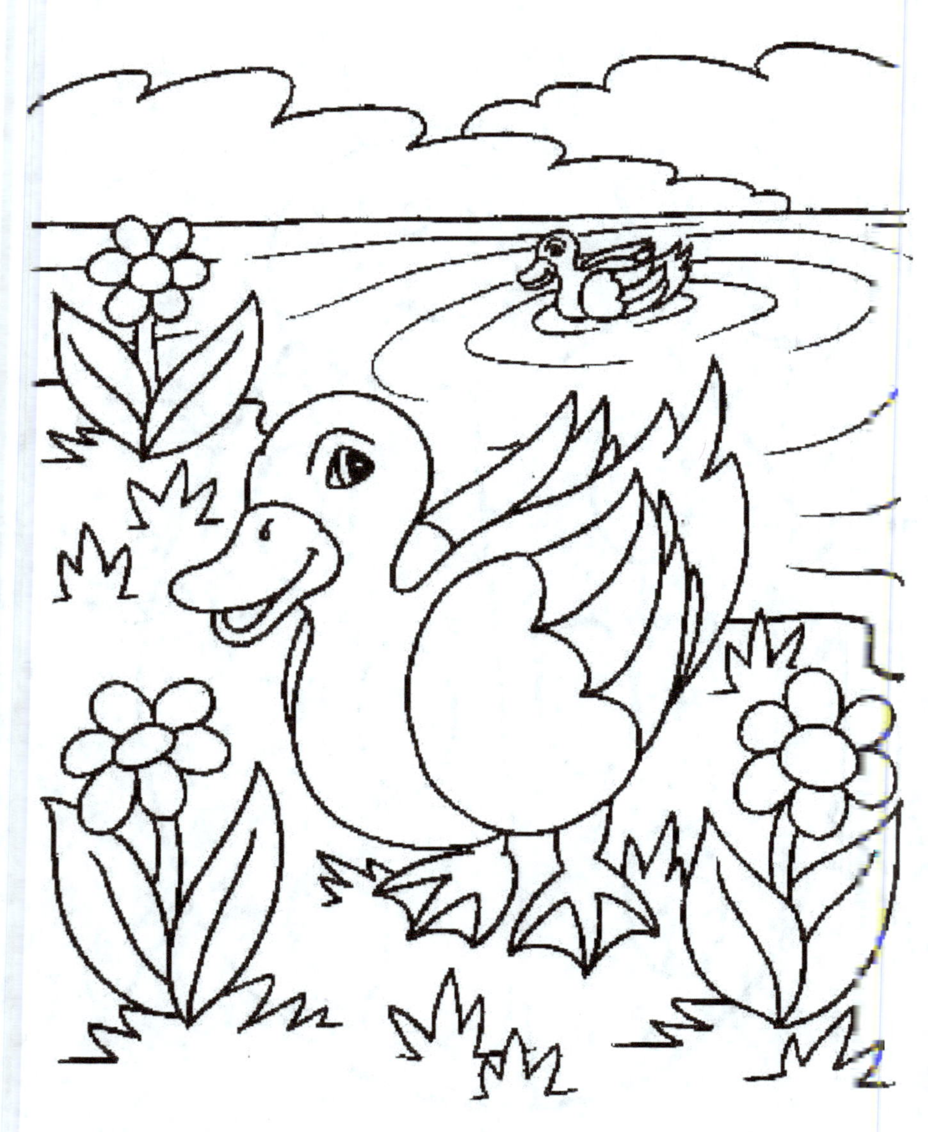

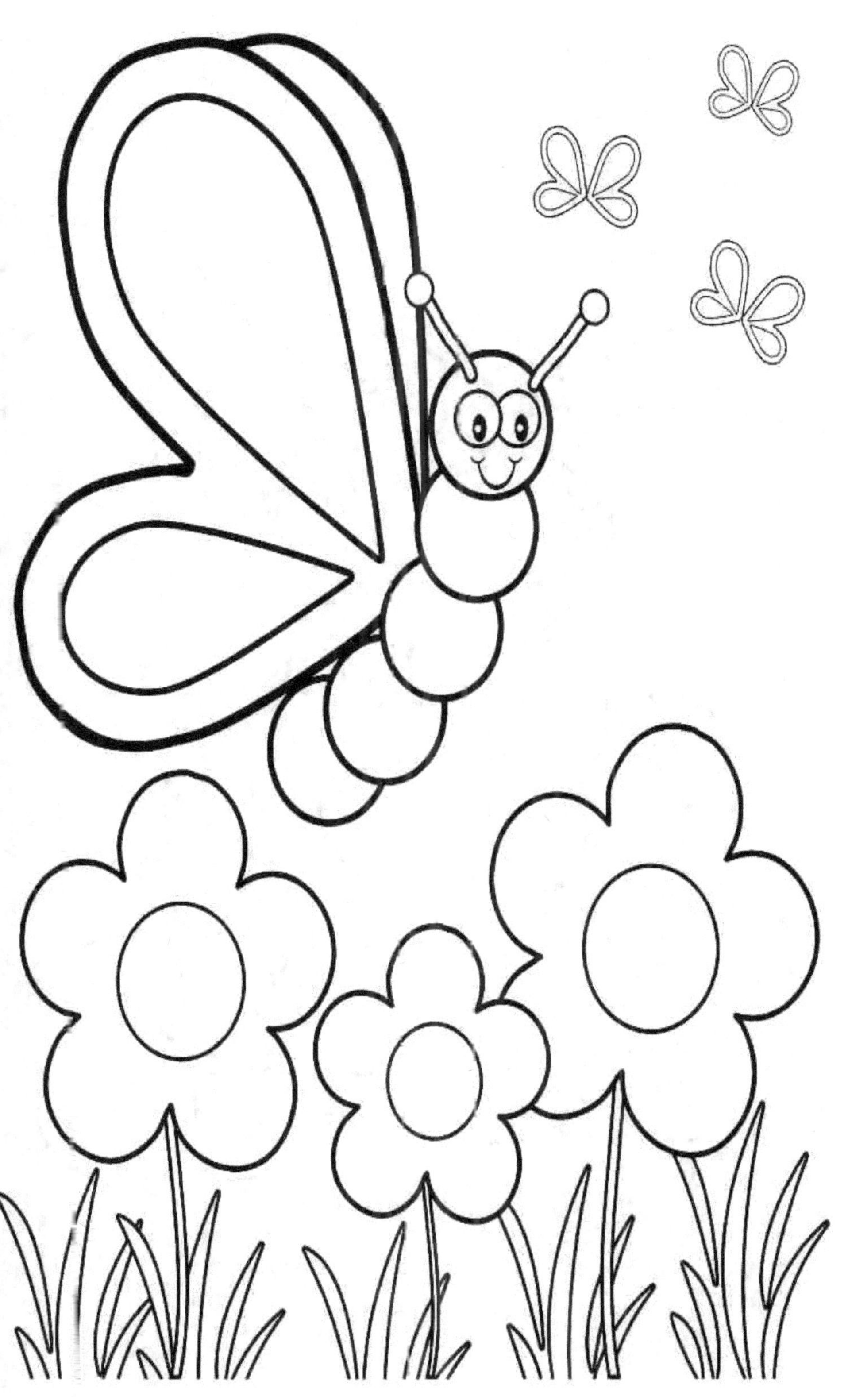

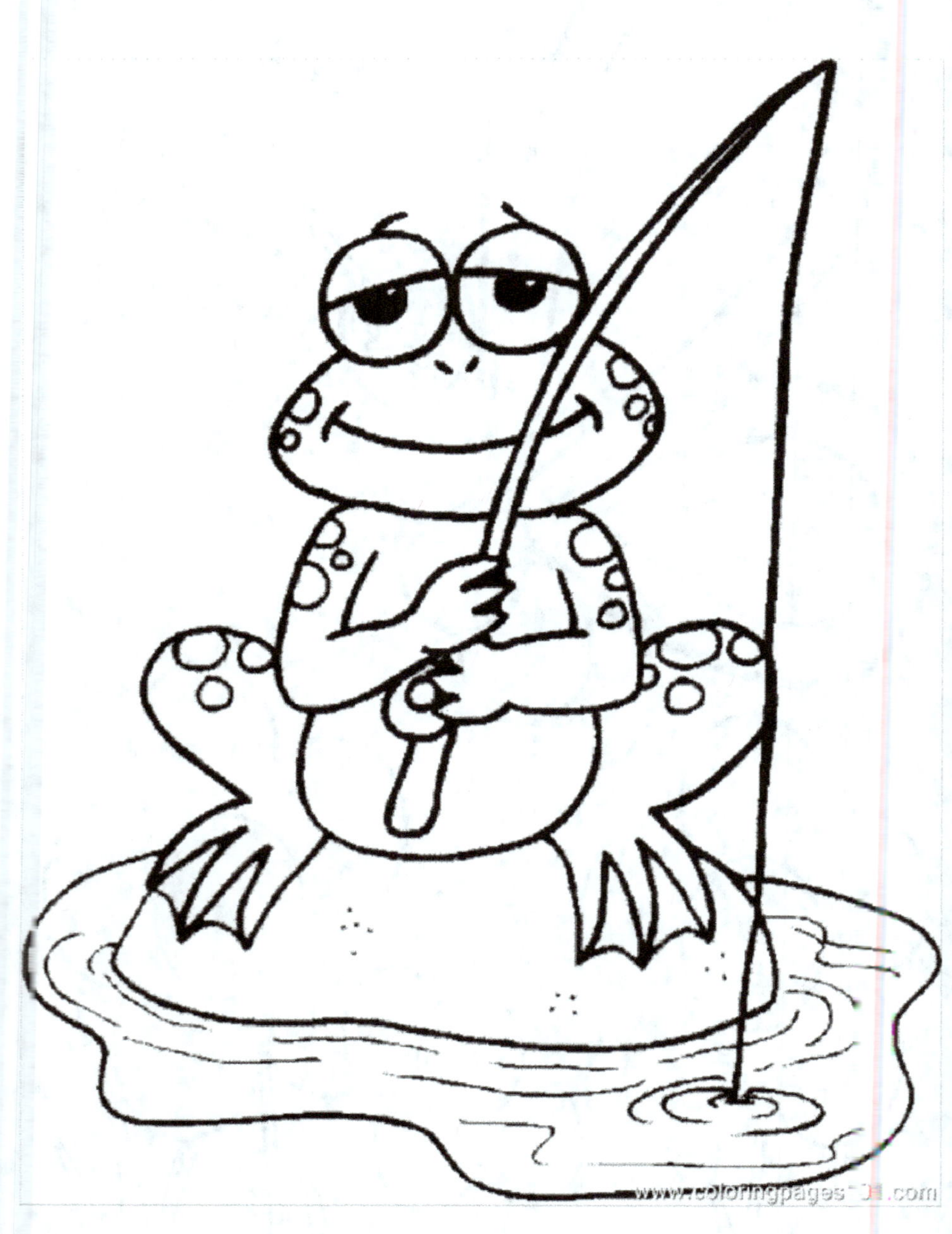
www.coloringpages101.com

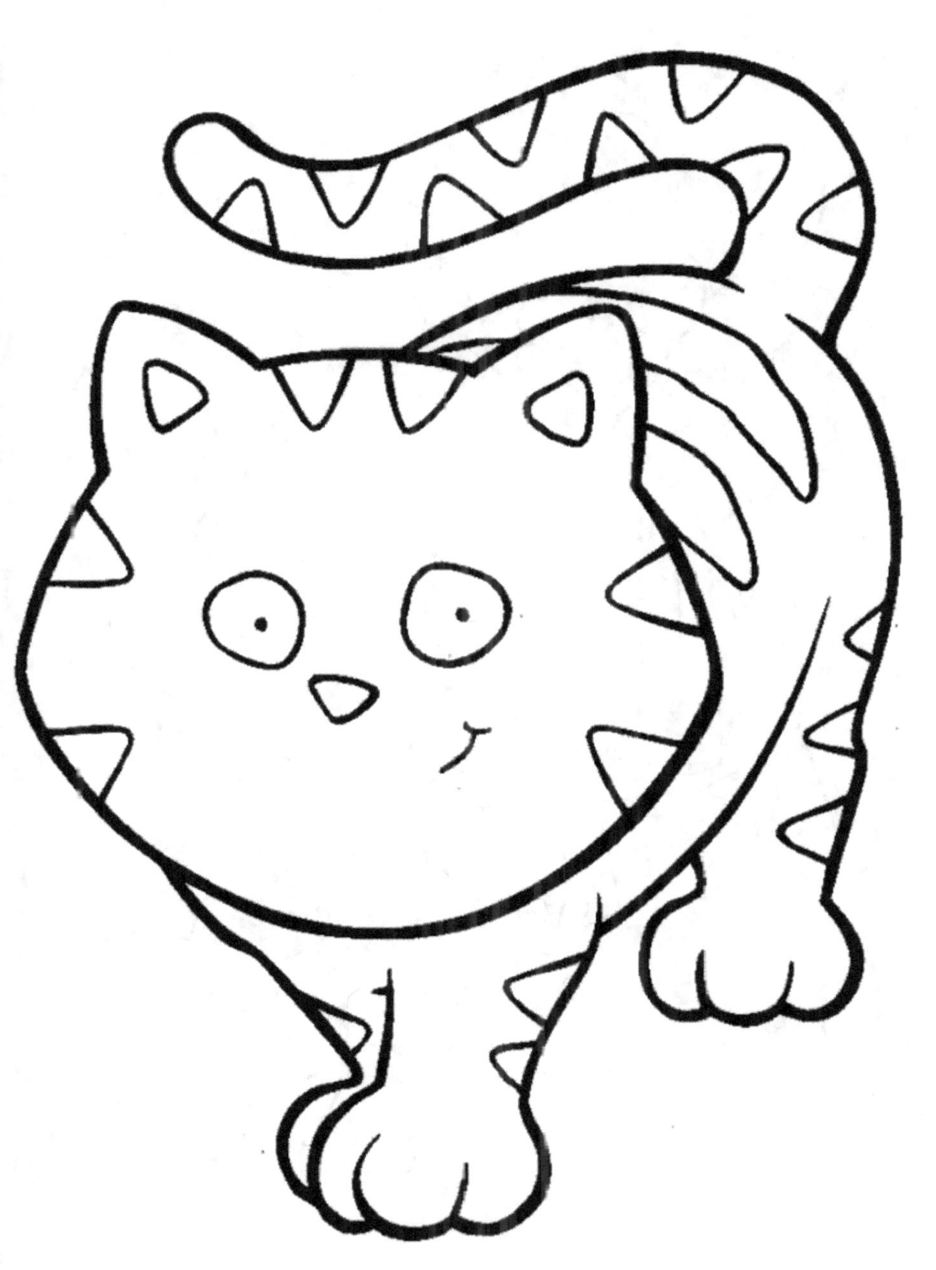

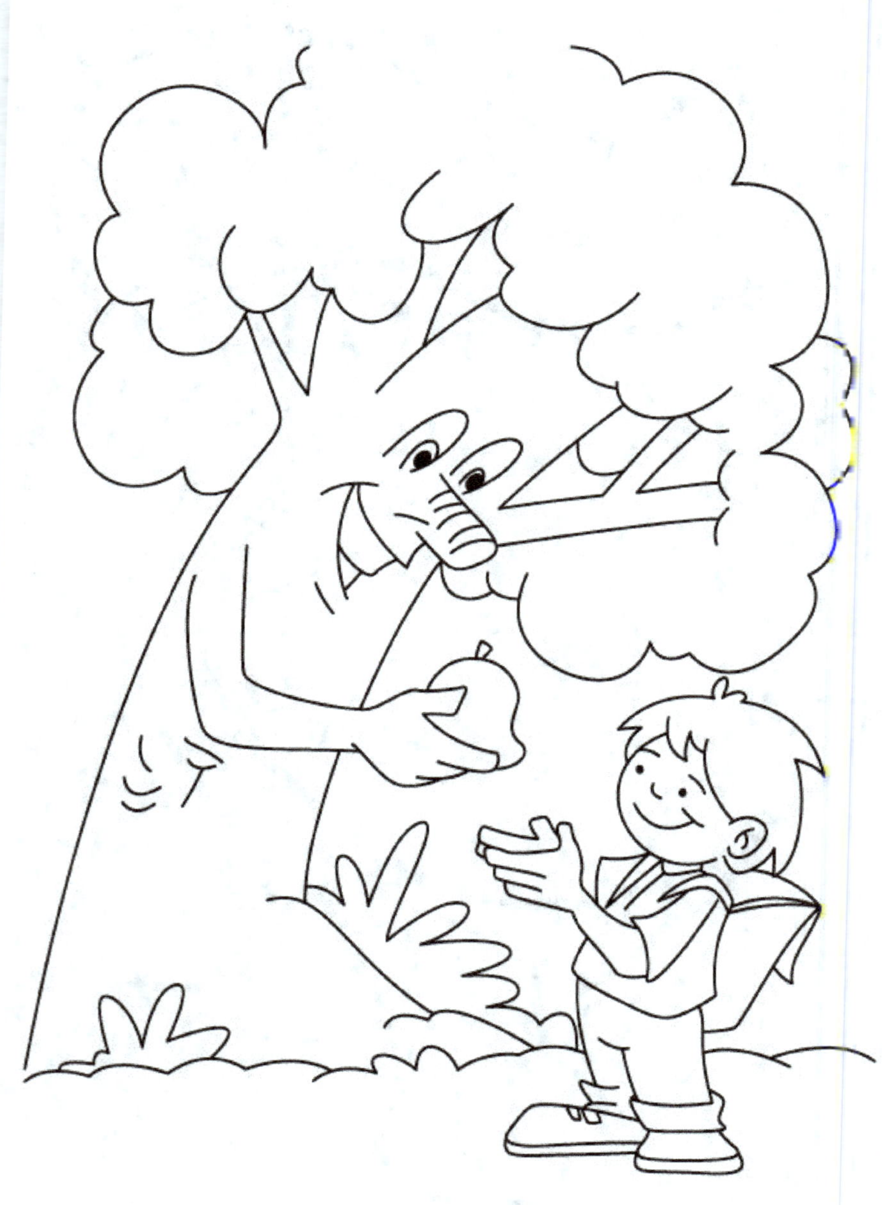

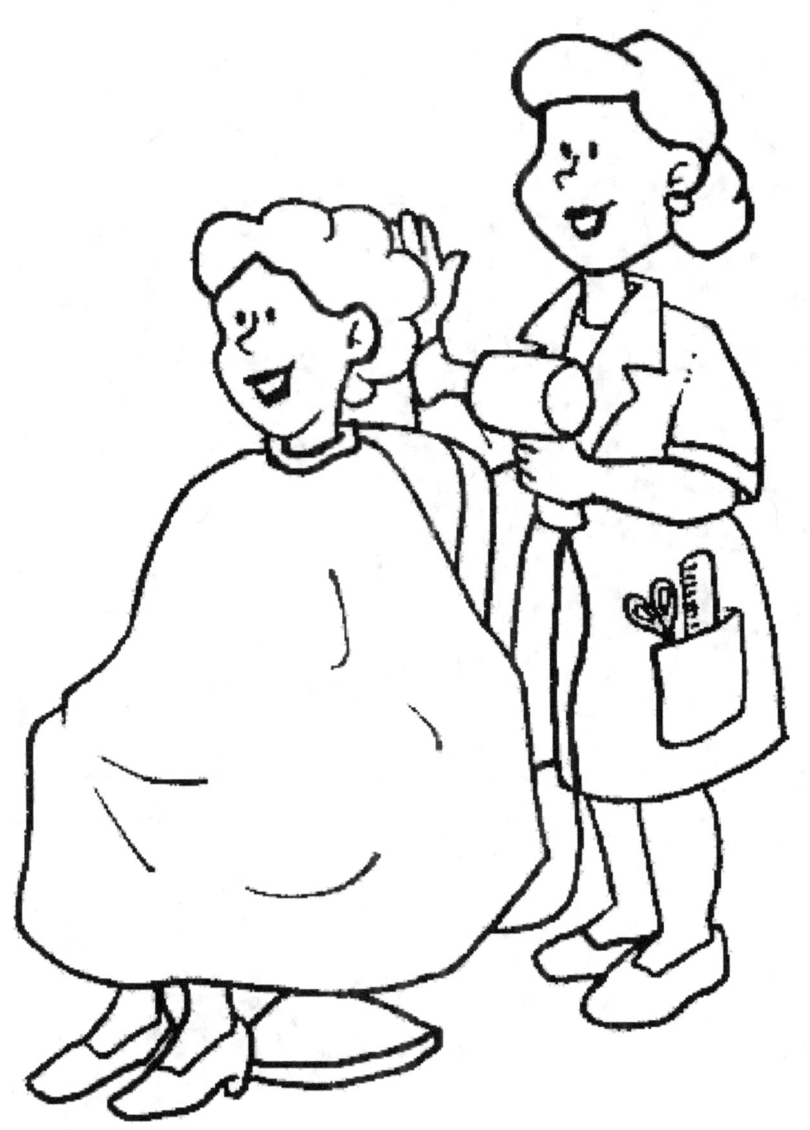

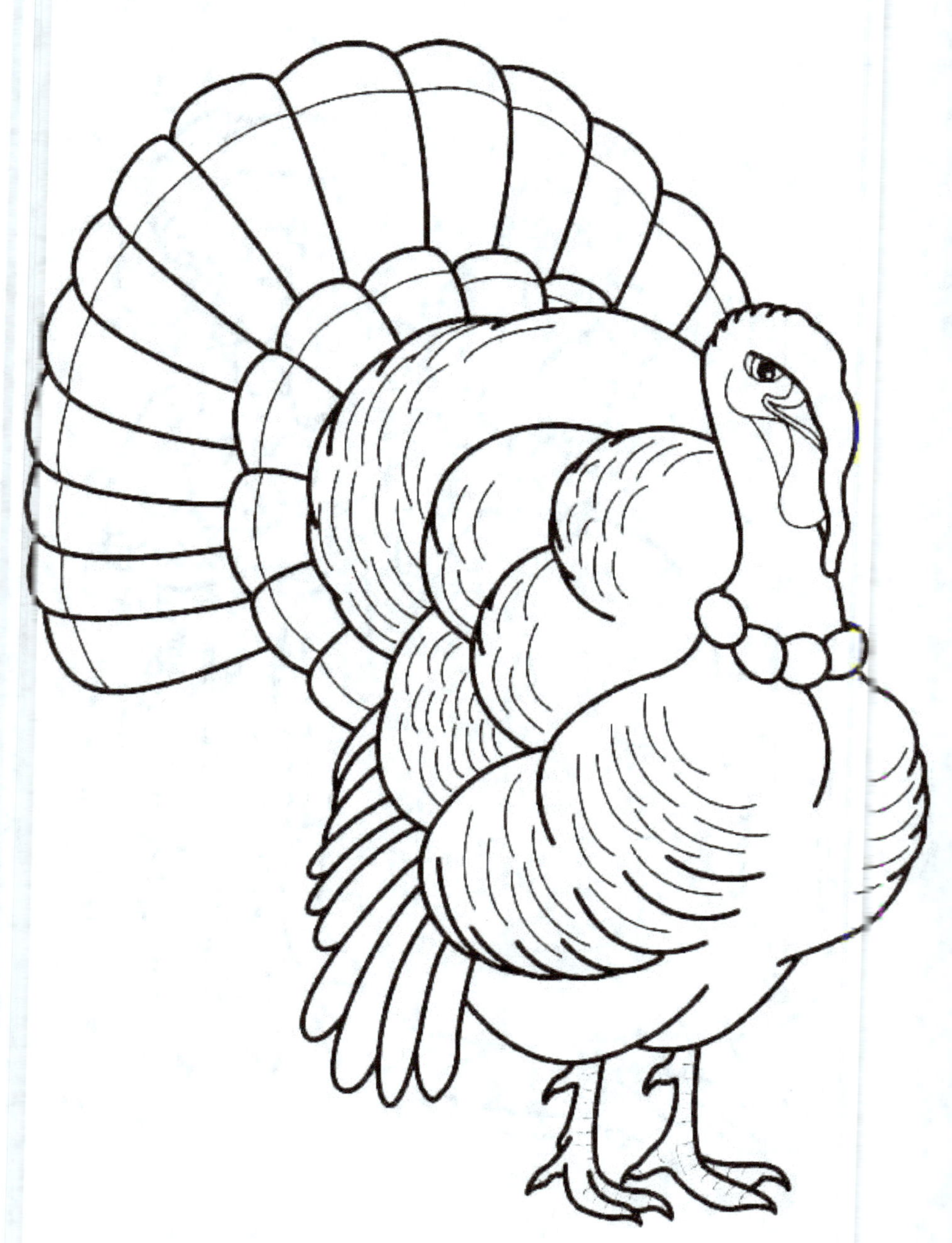

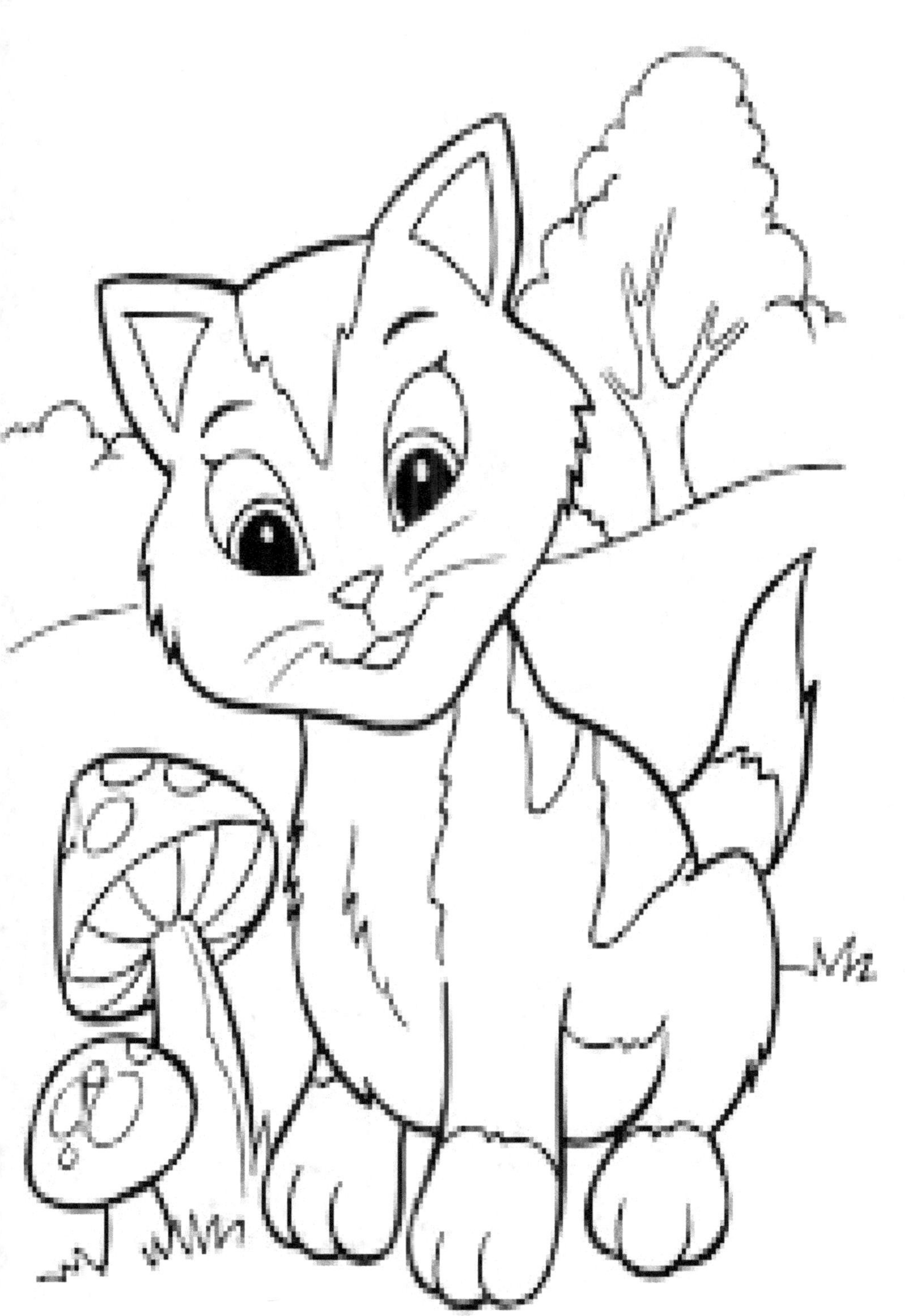

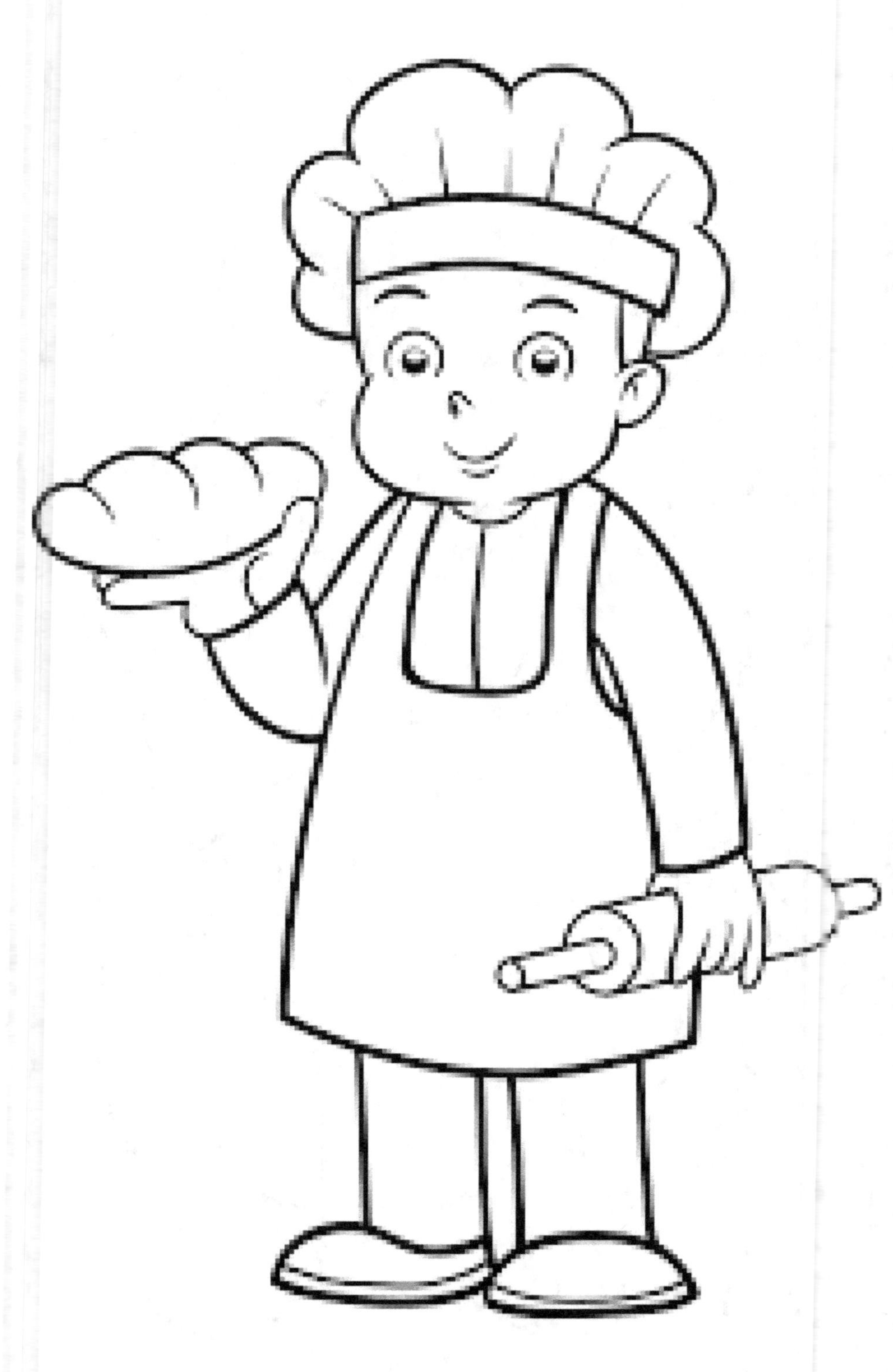

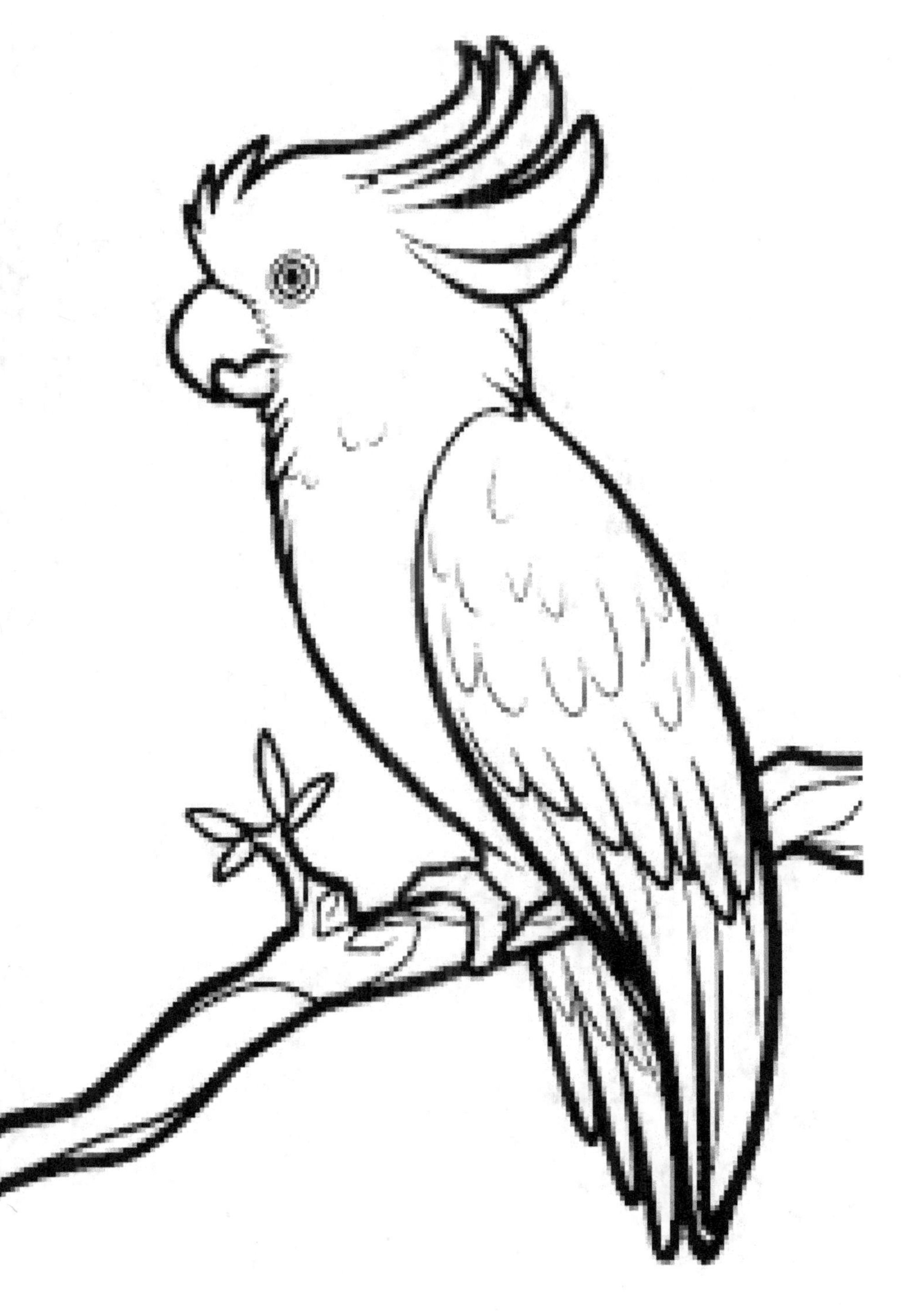

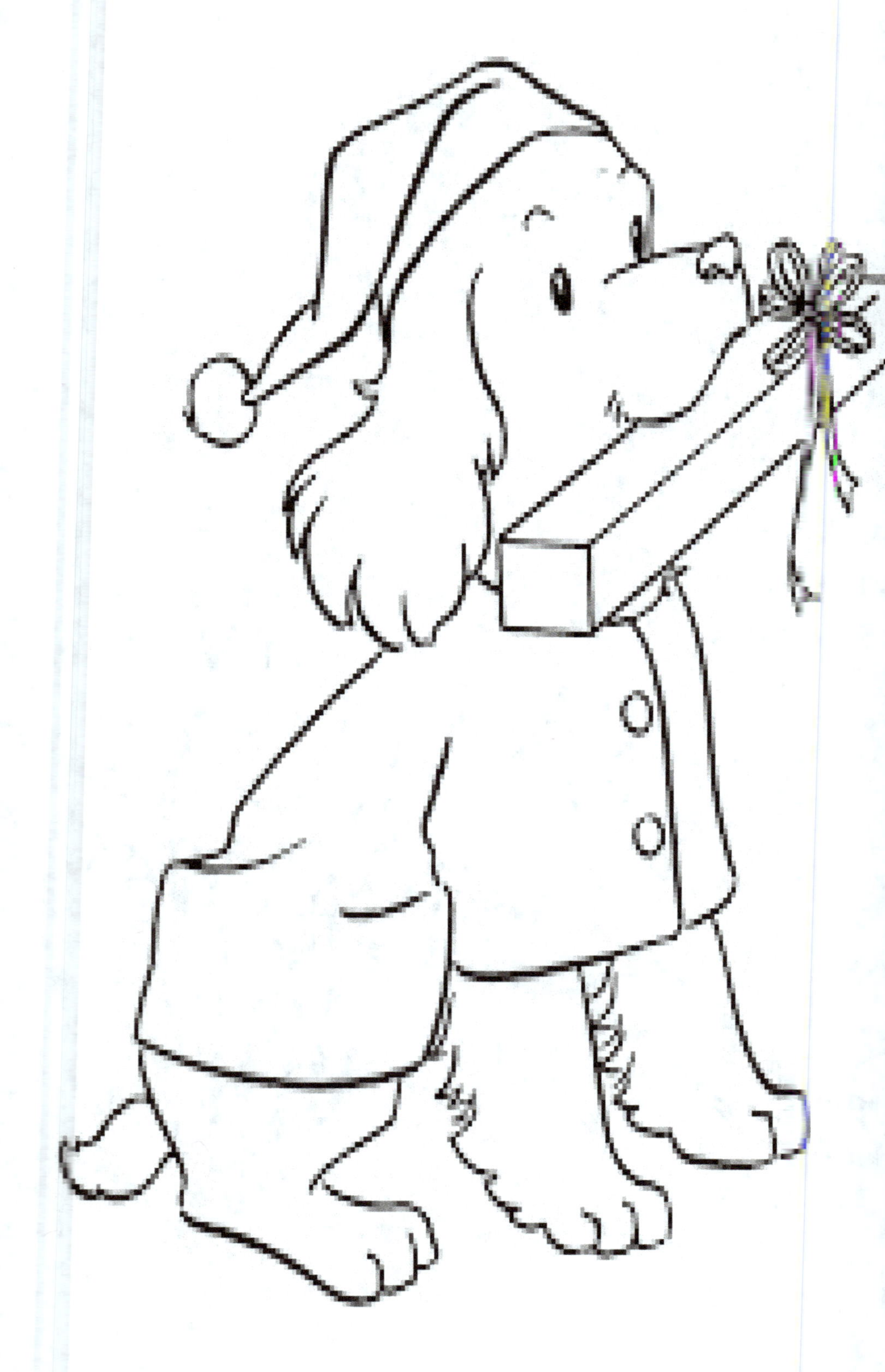

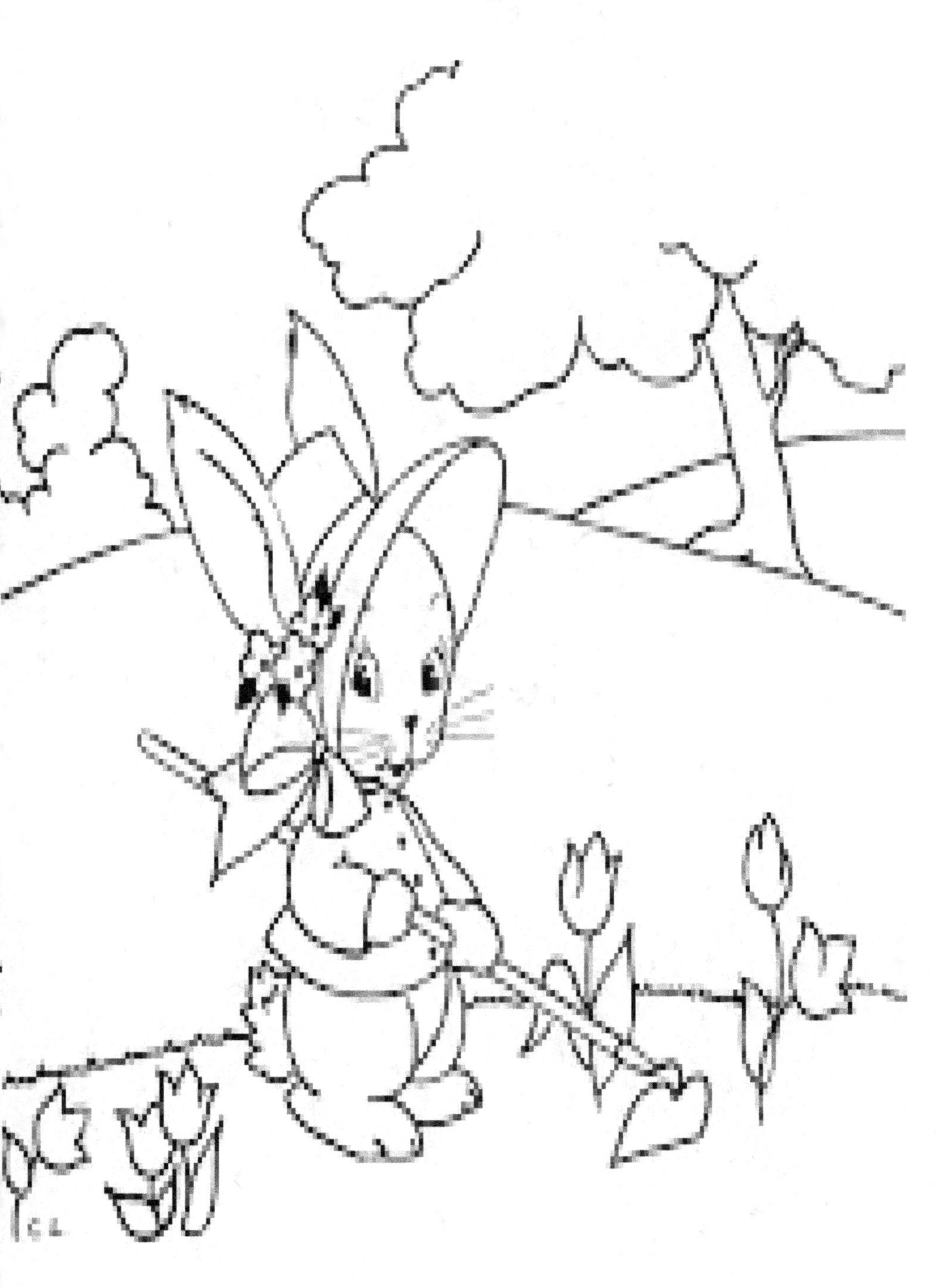

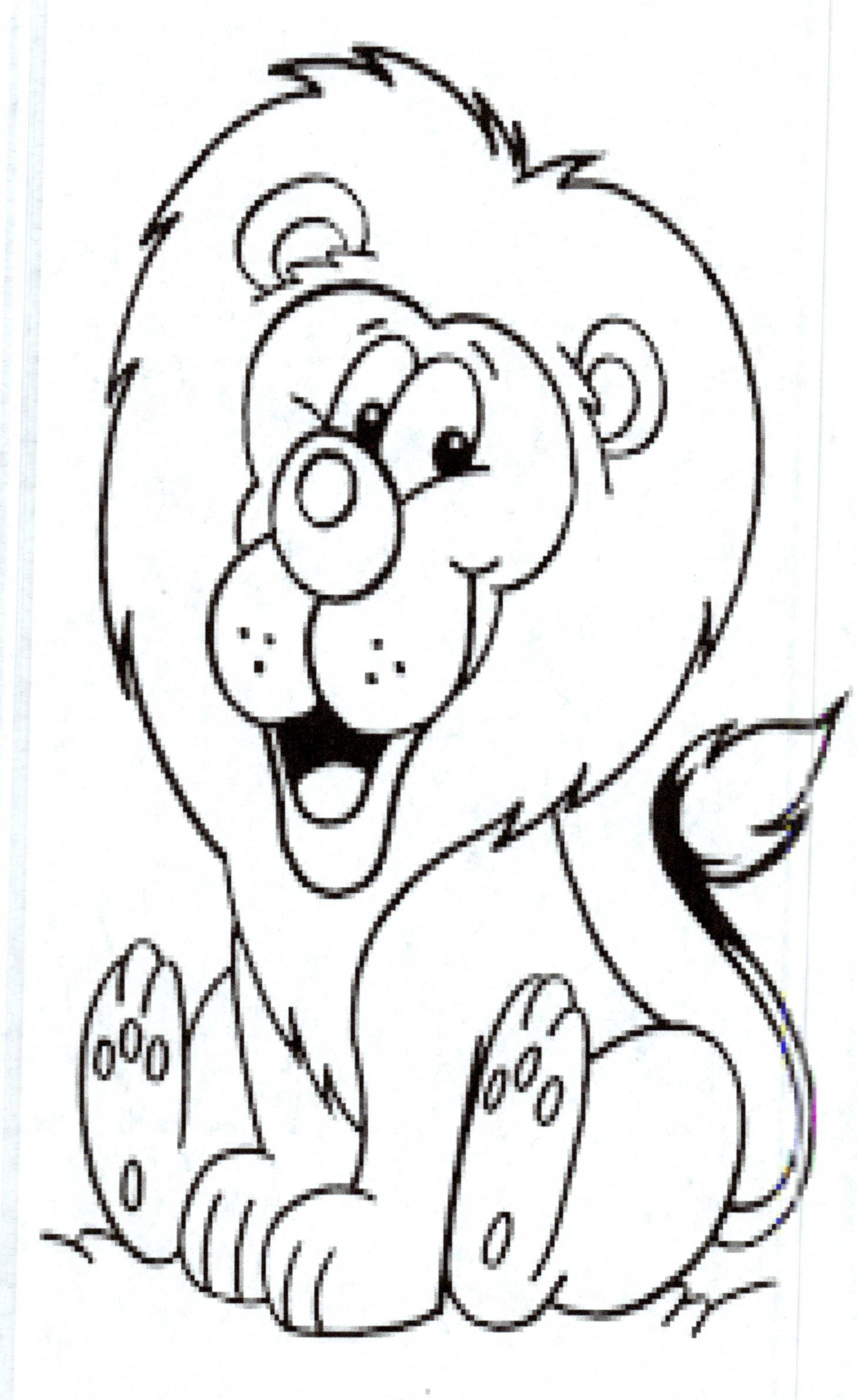

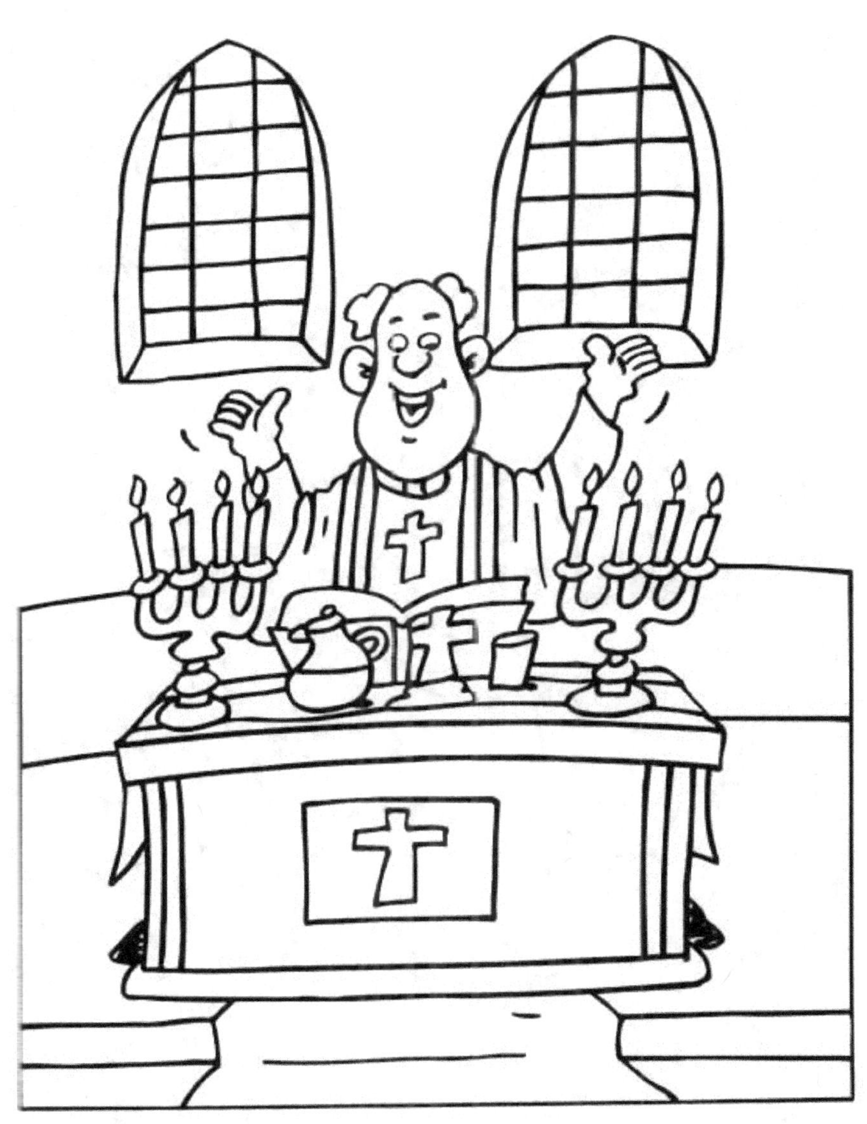

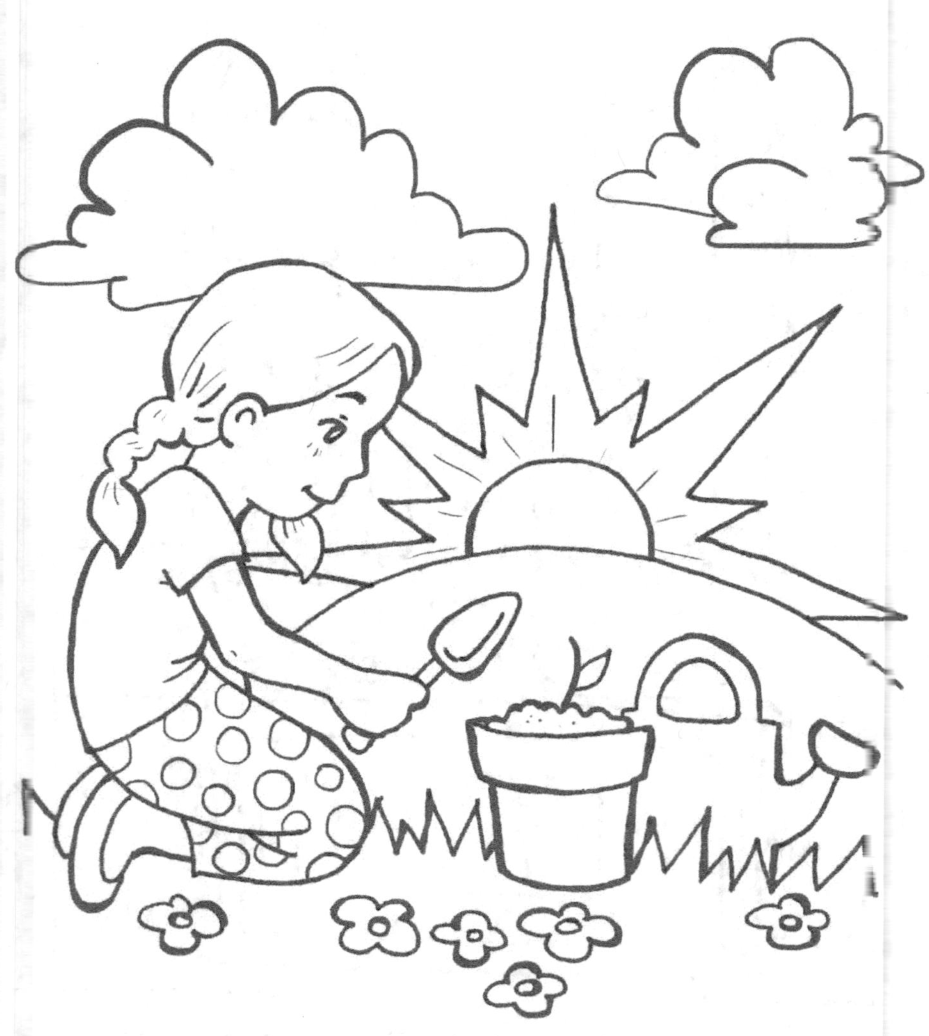

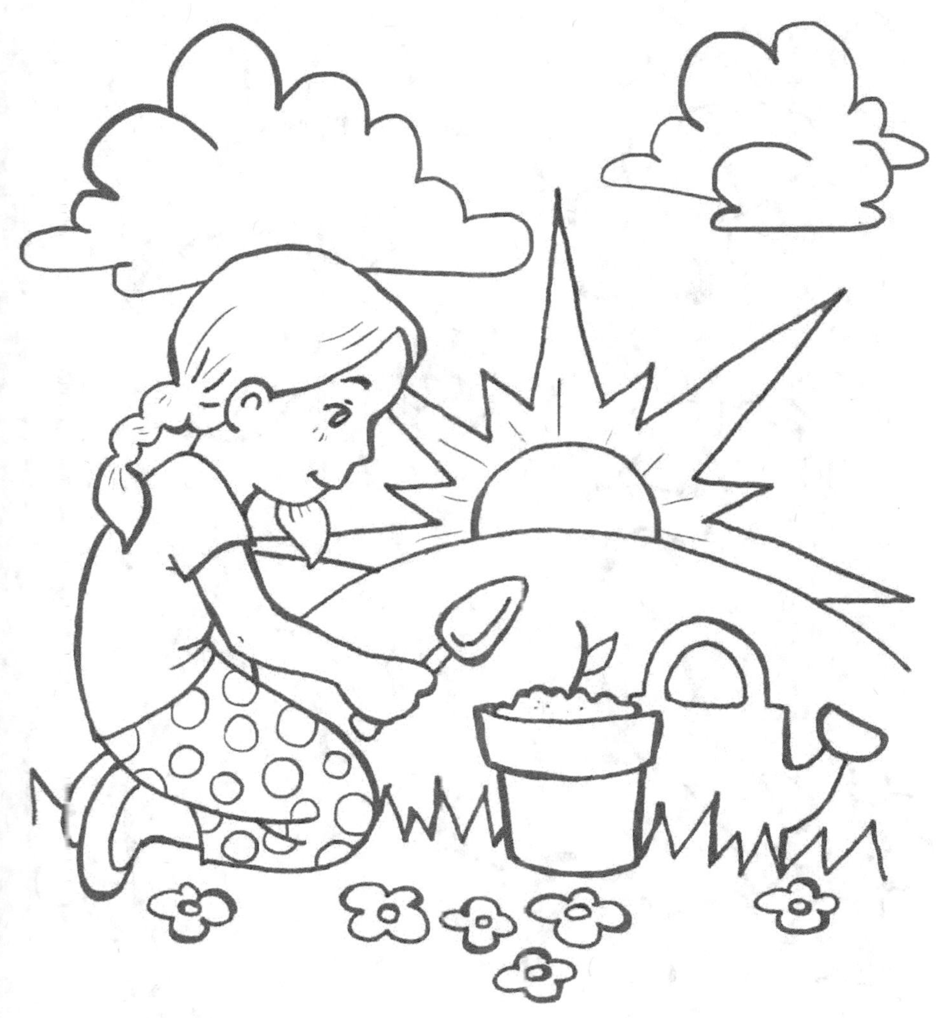

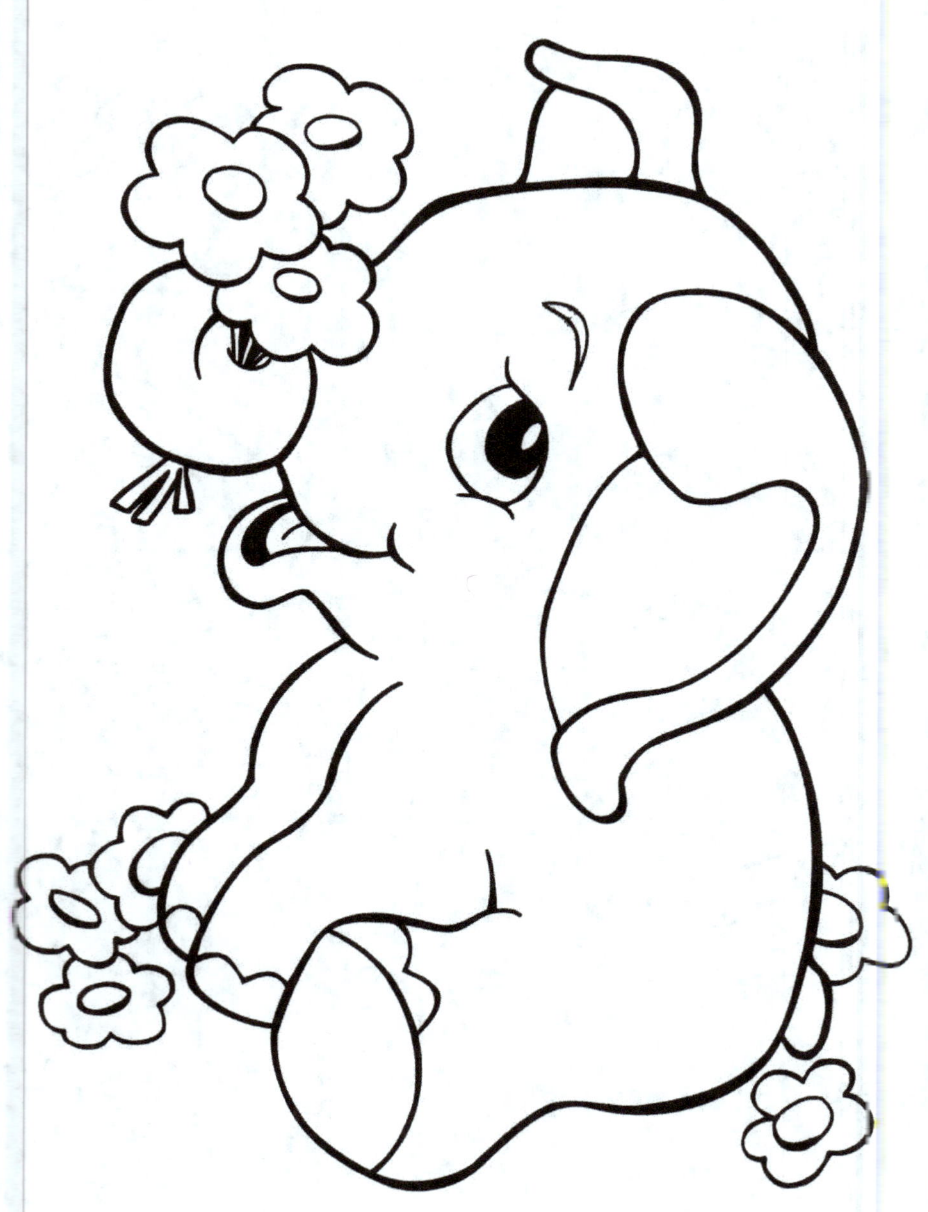

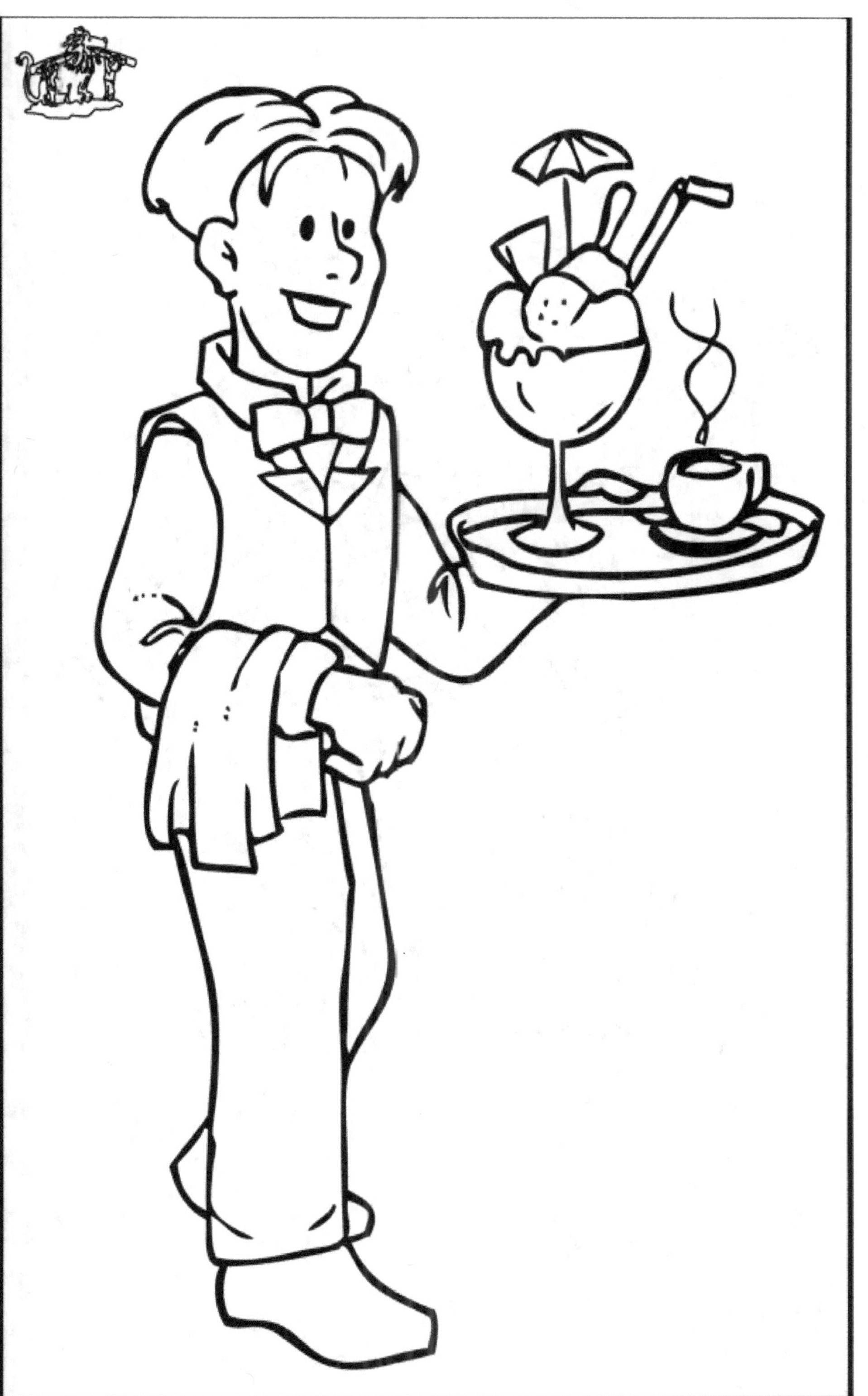

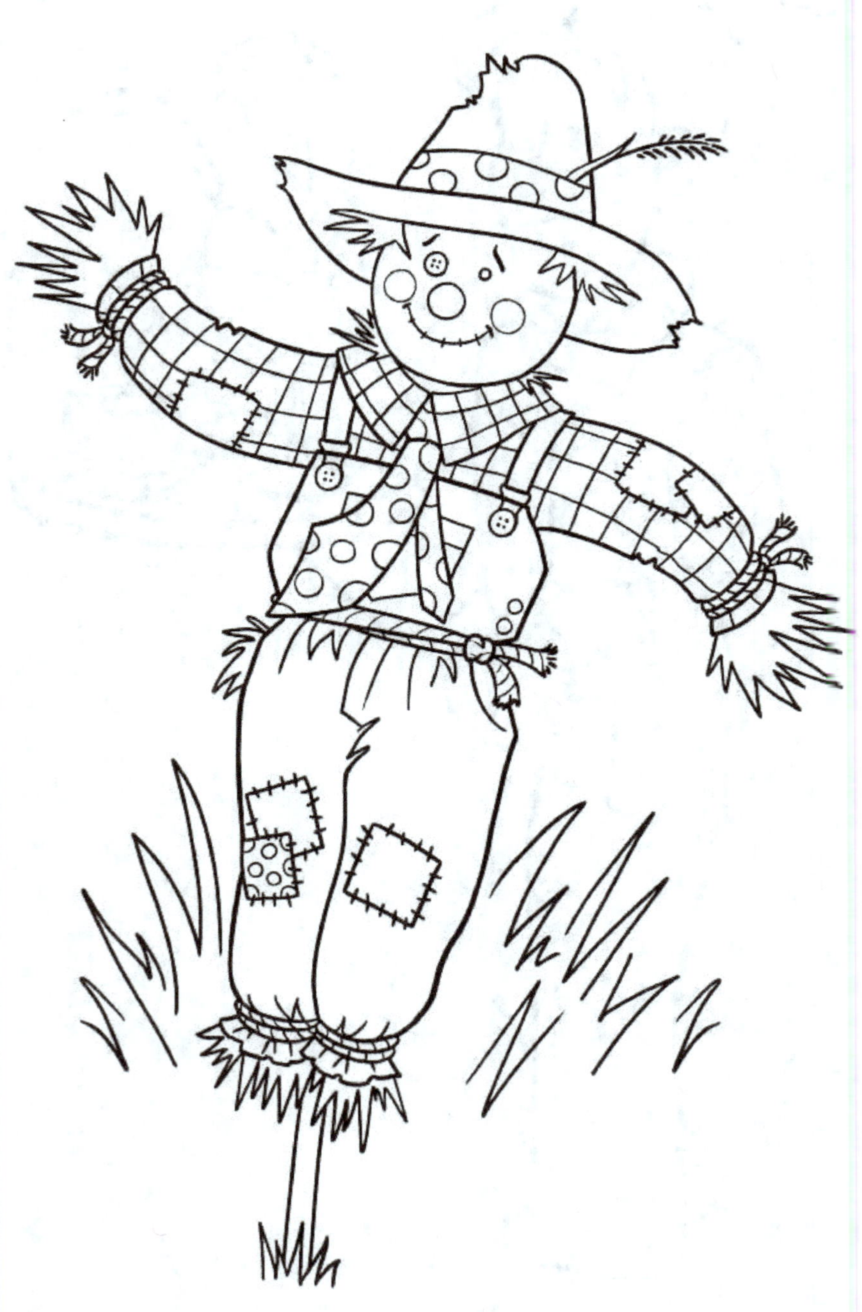

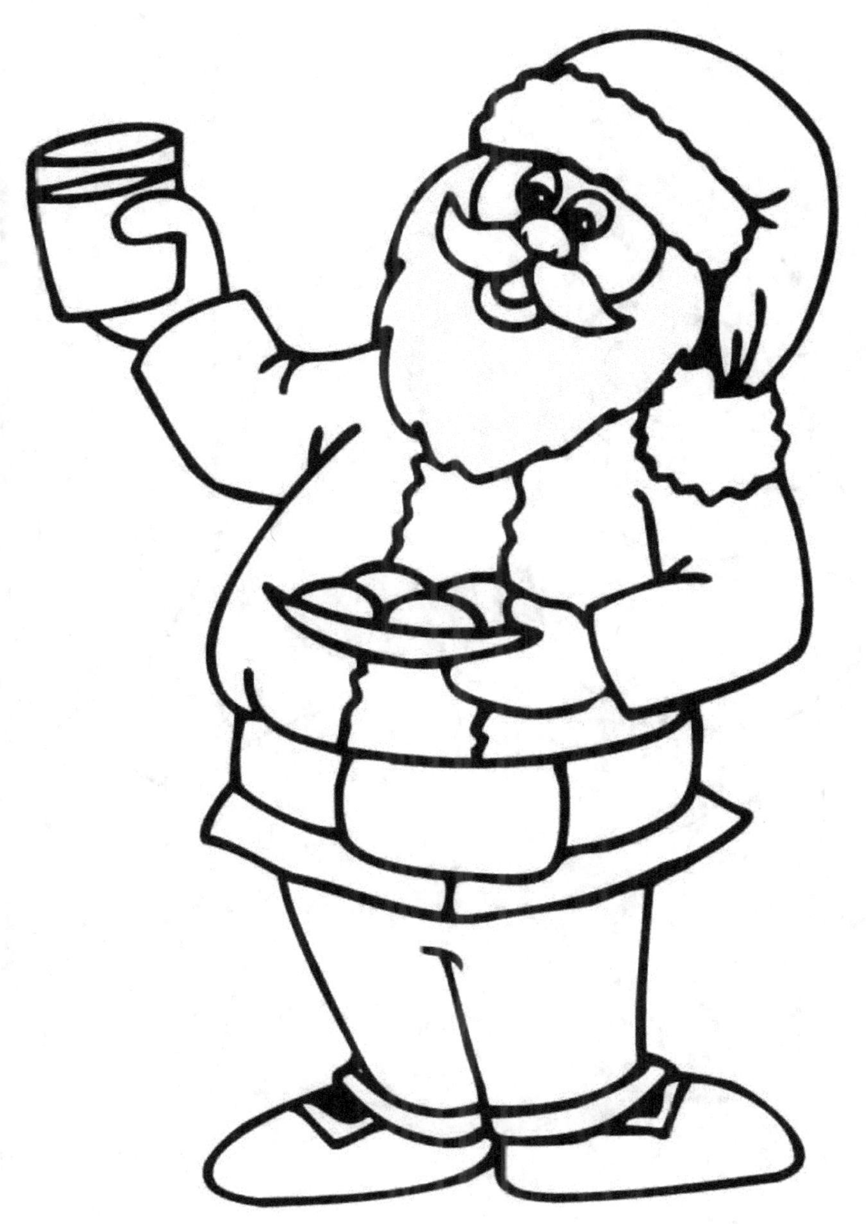

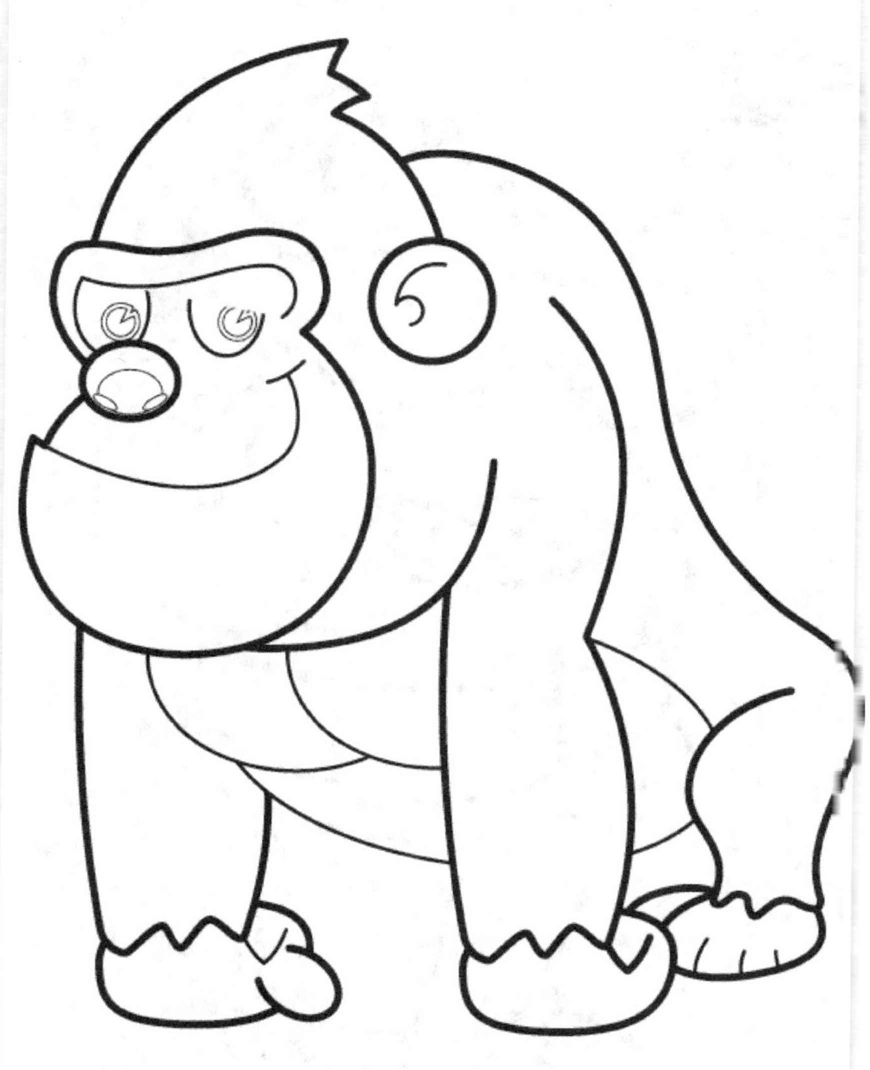

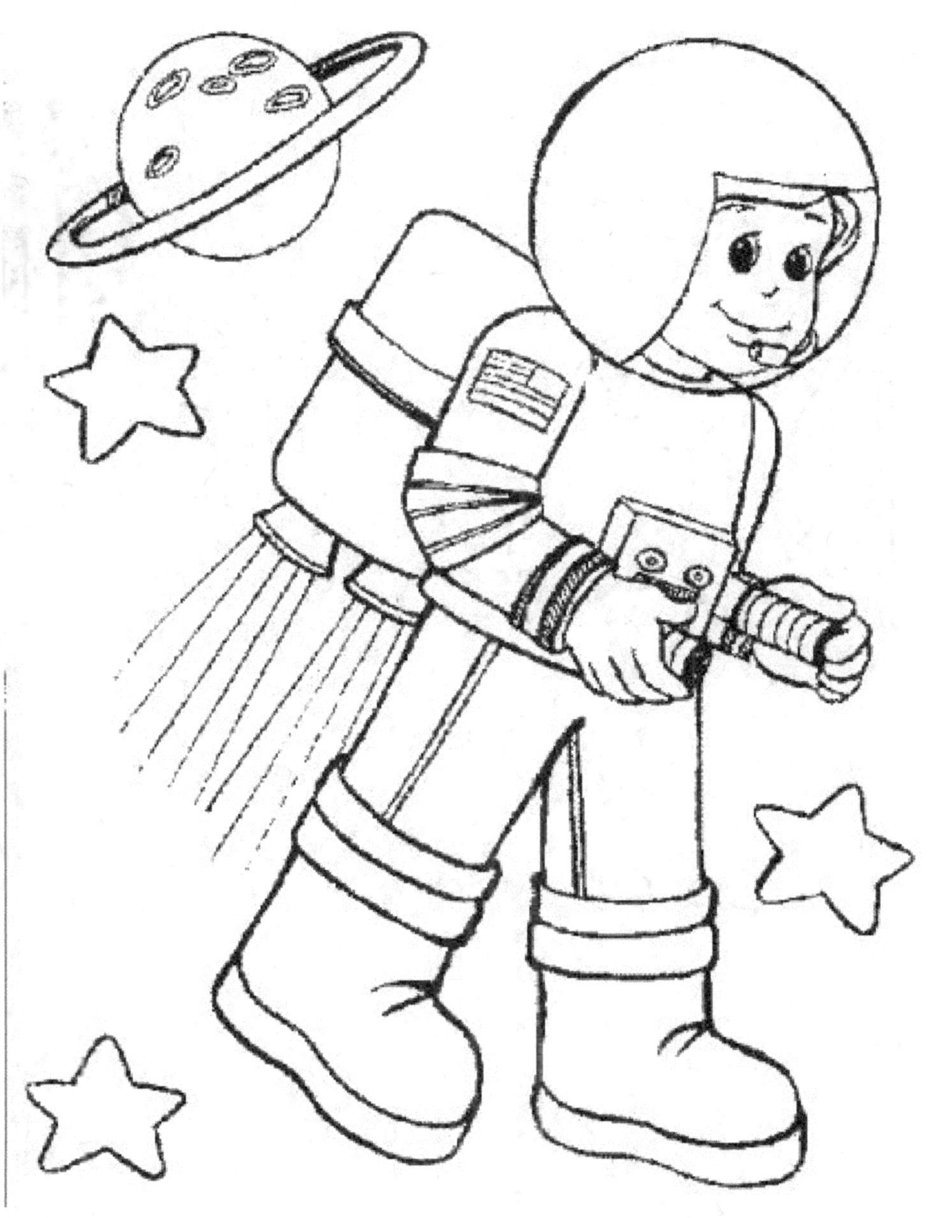

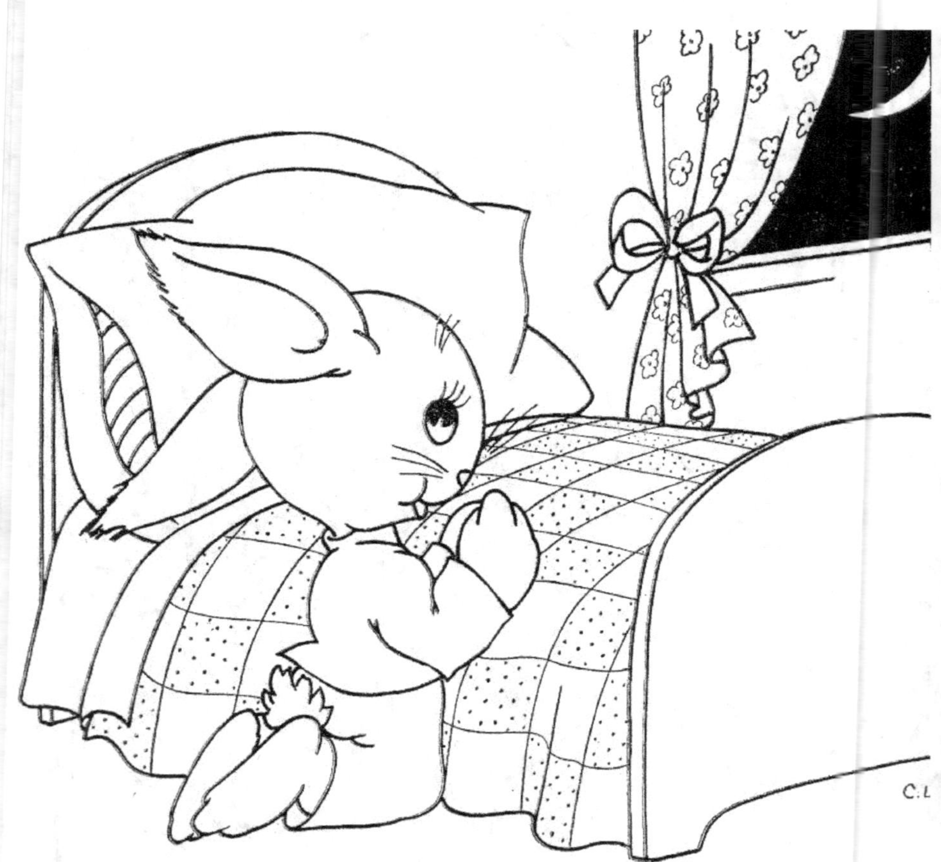

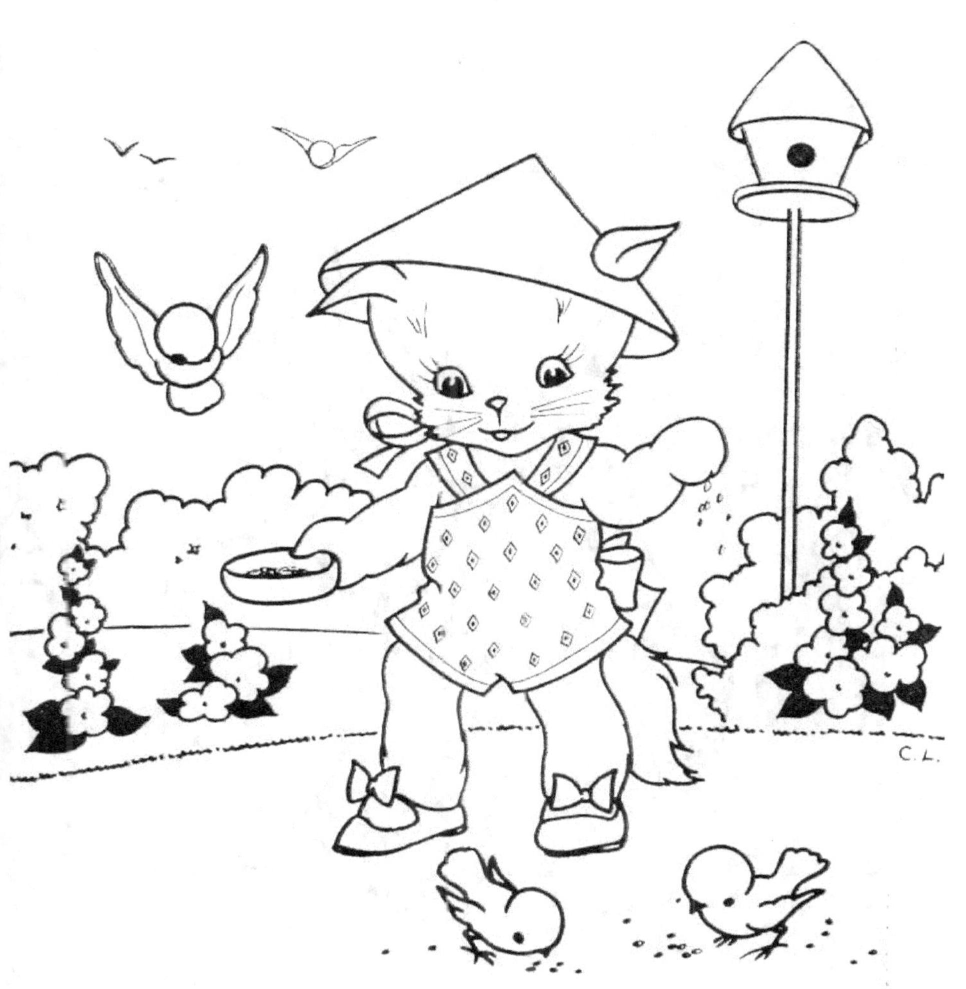

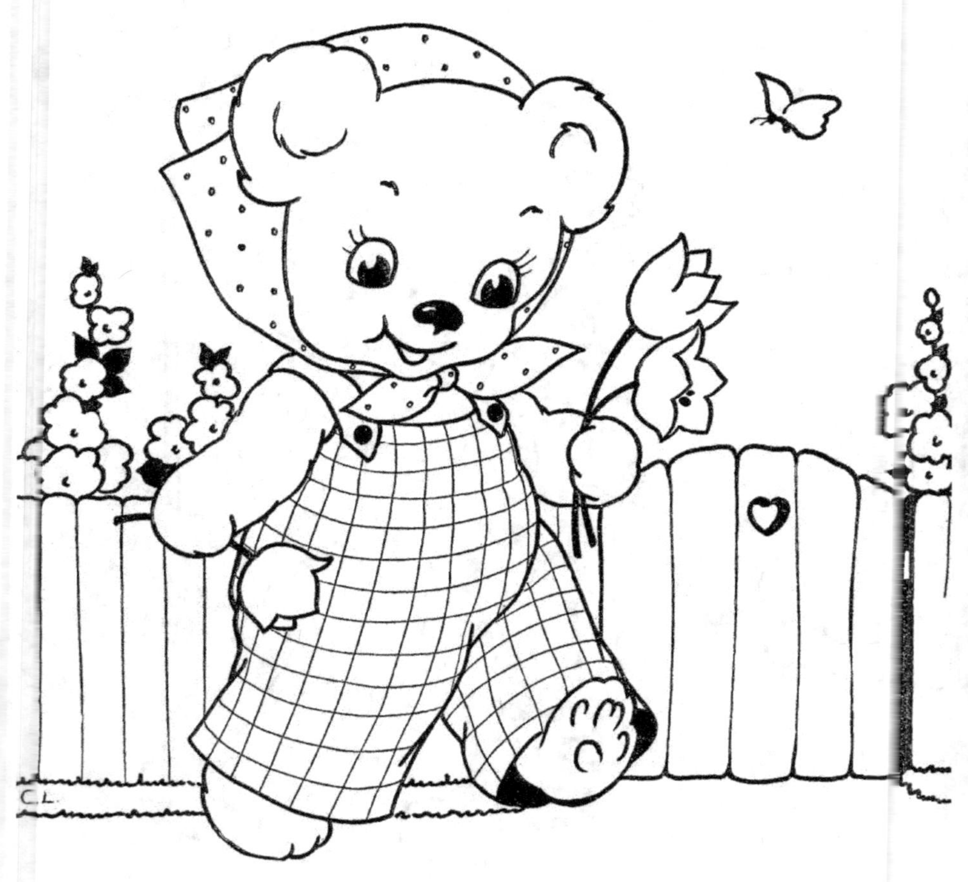

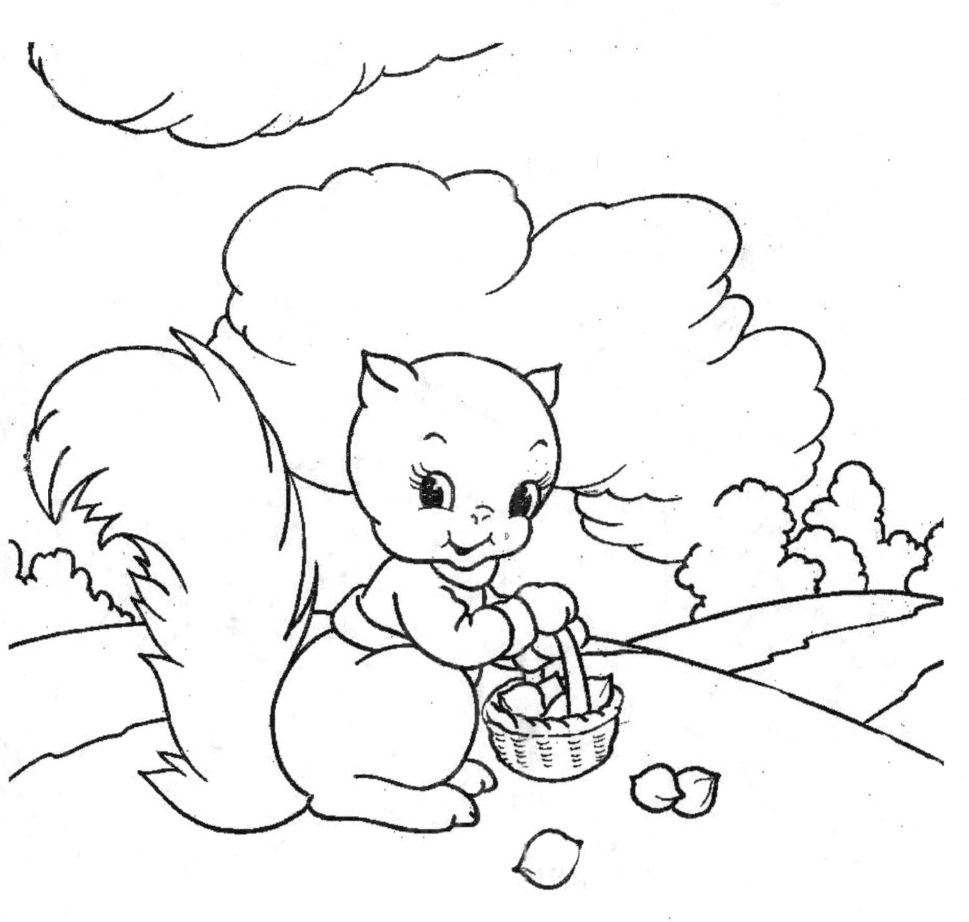

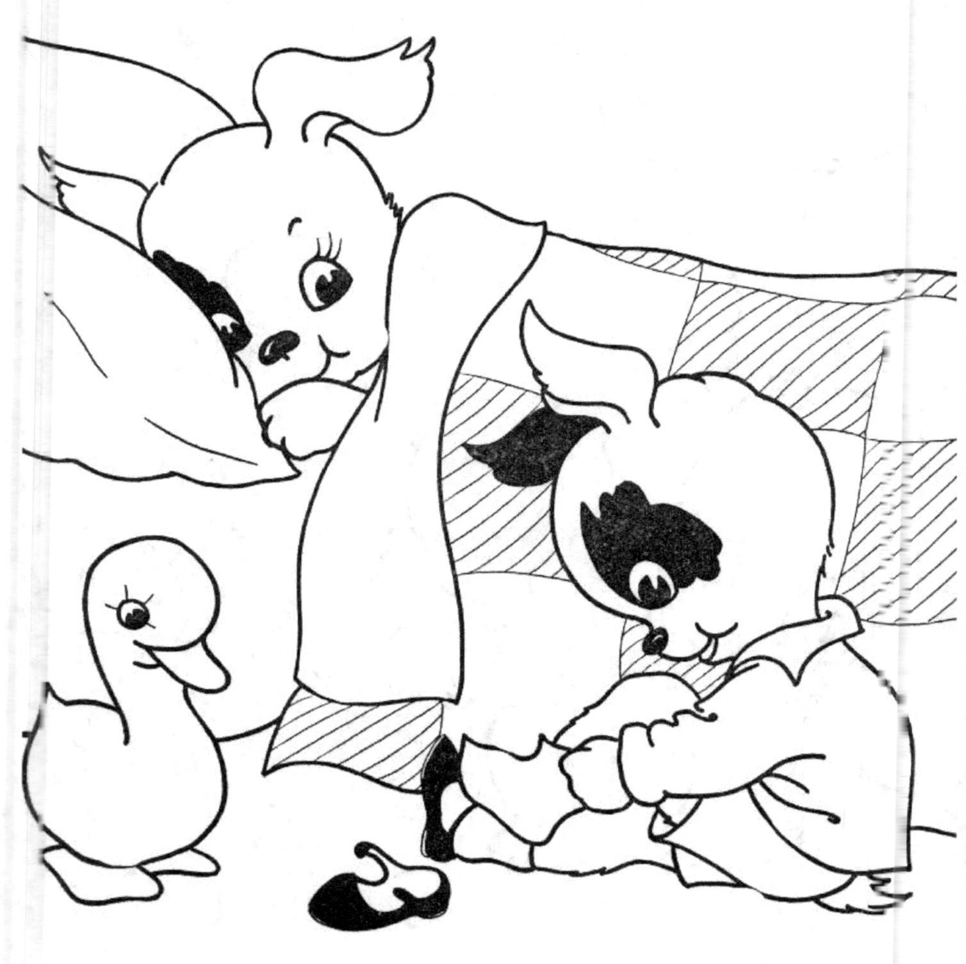

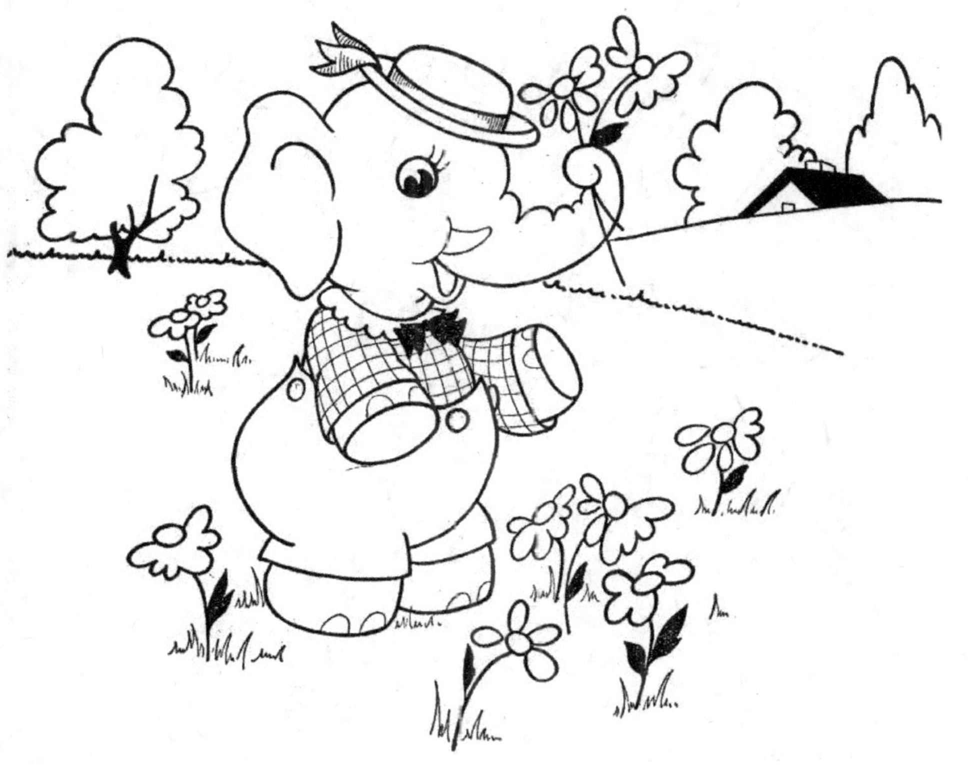

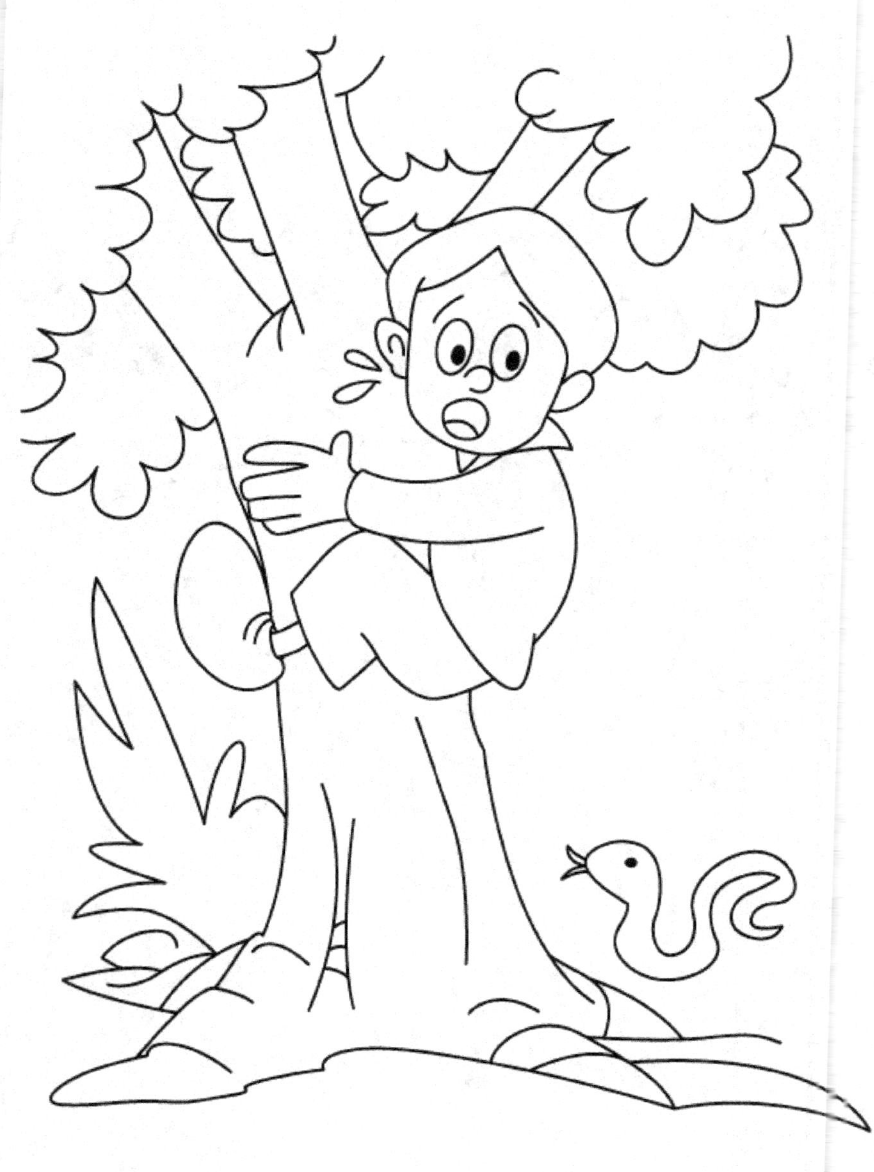

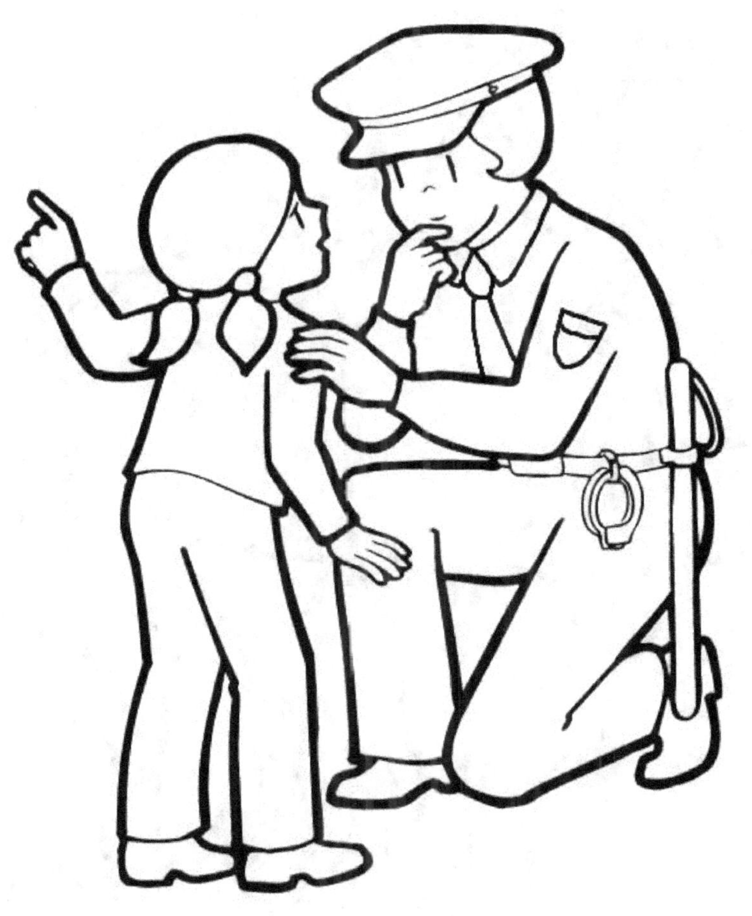

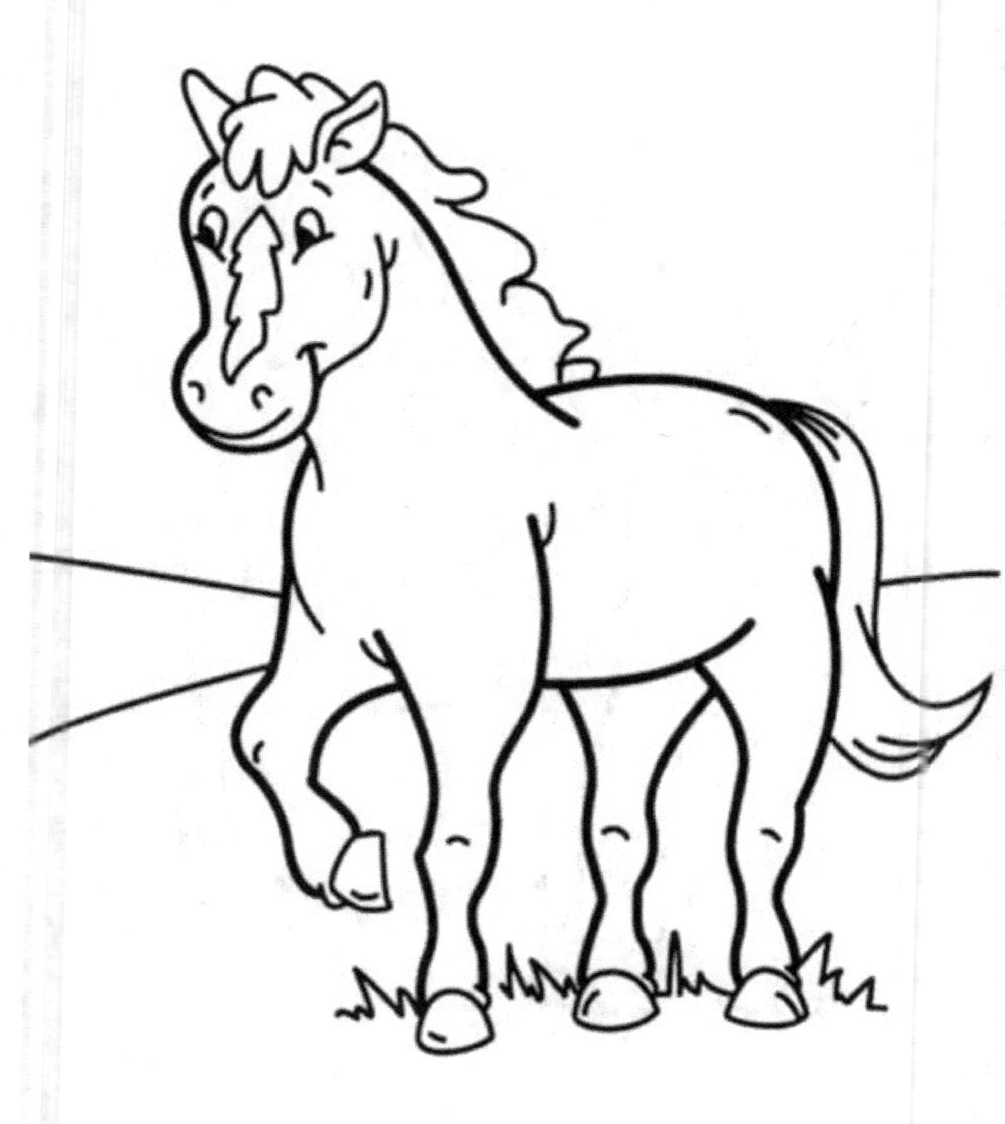

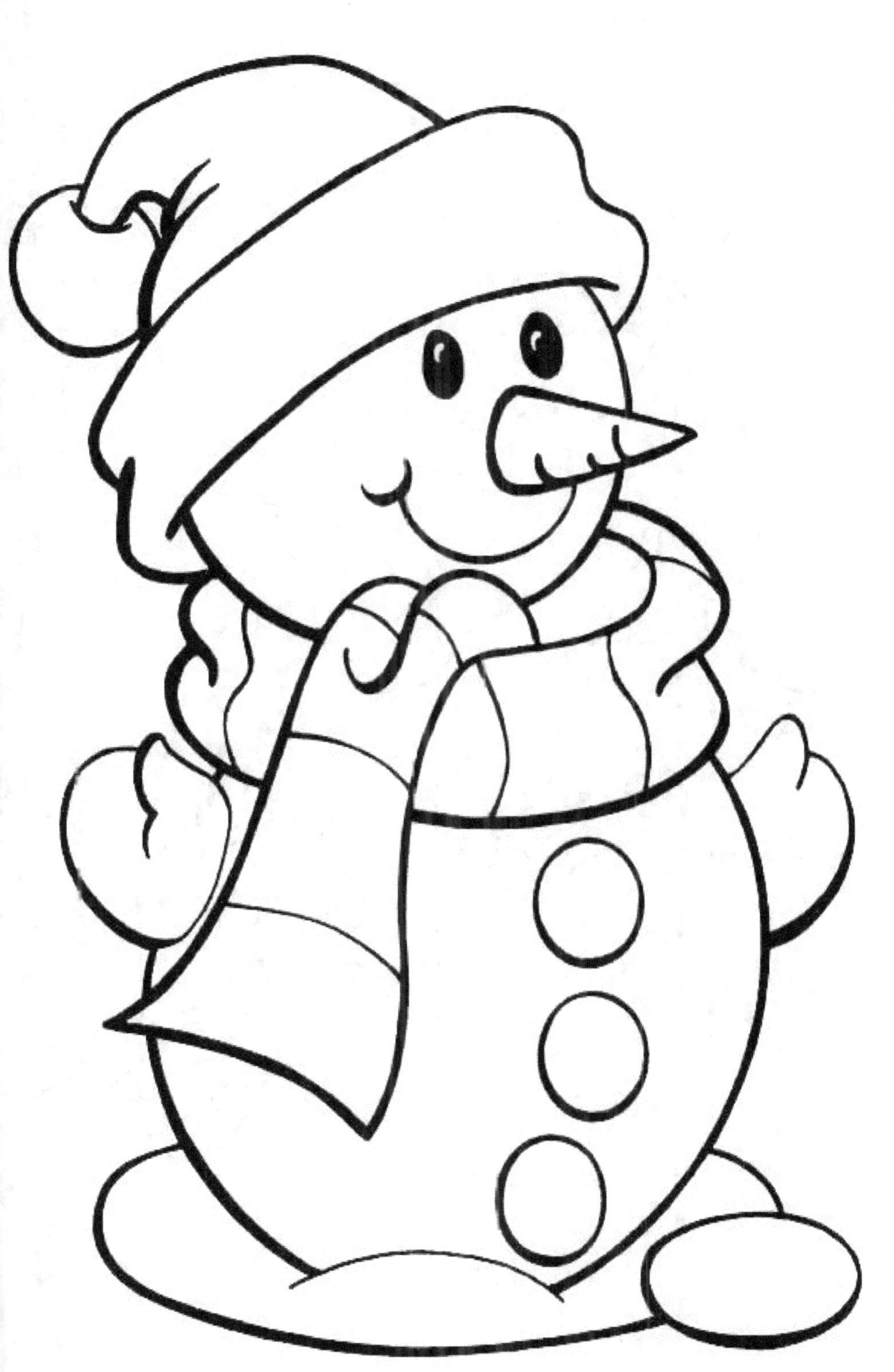

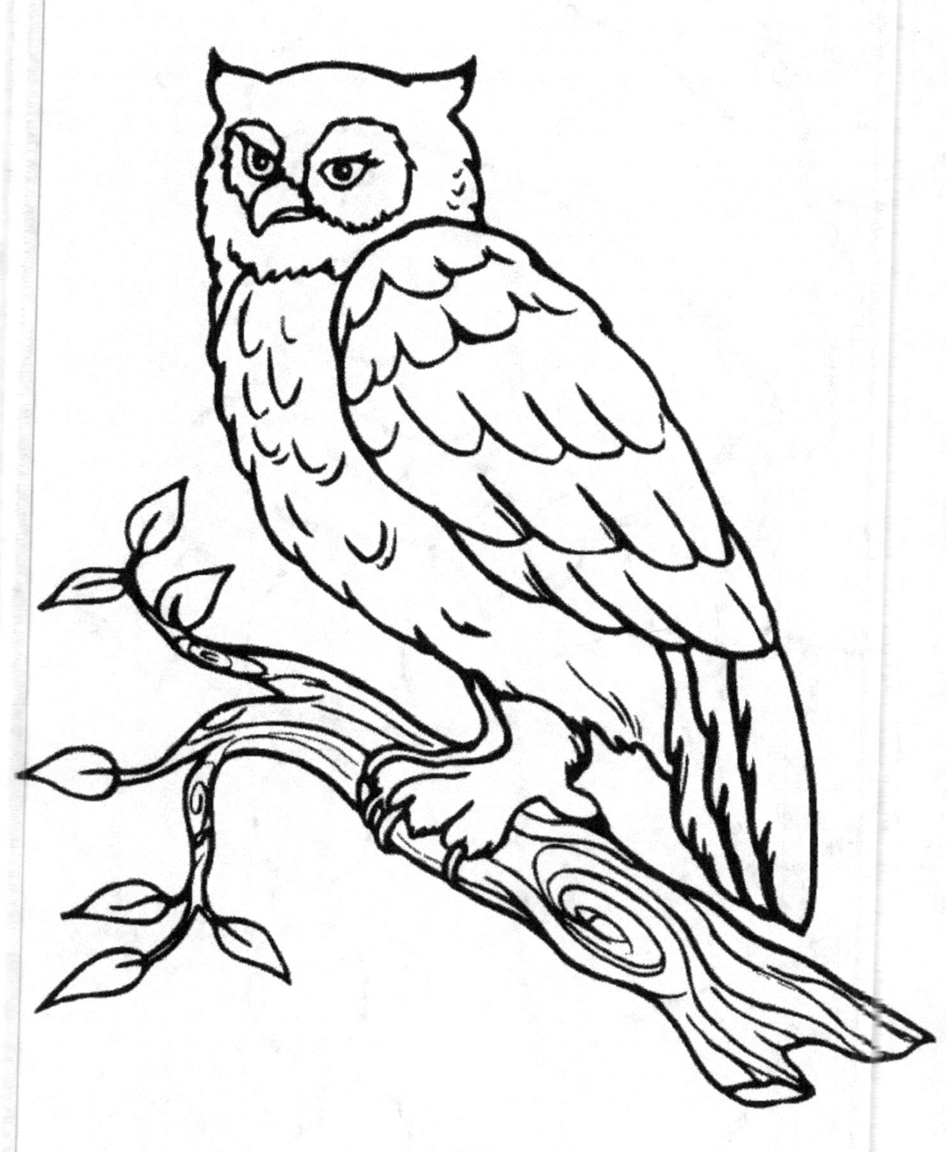

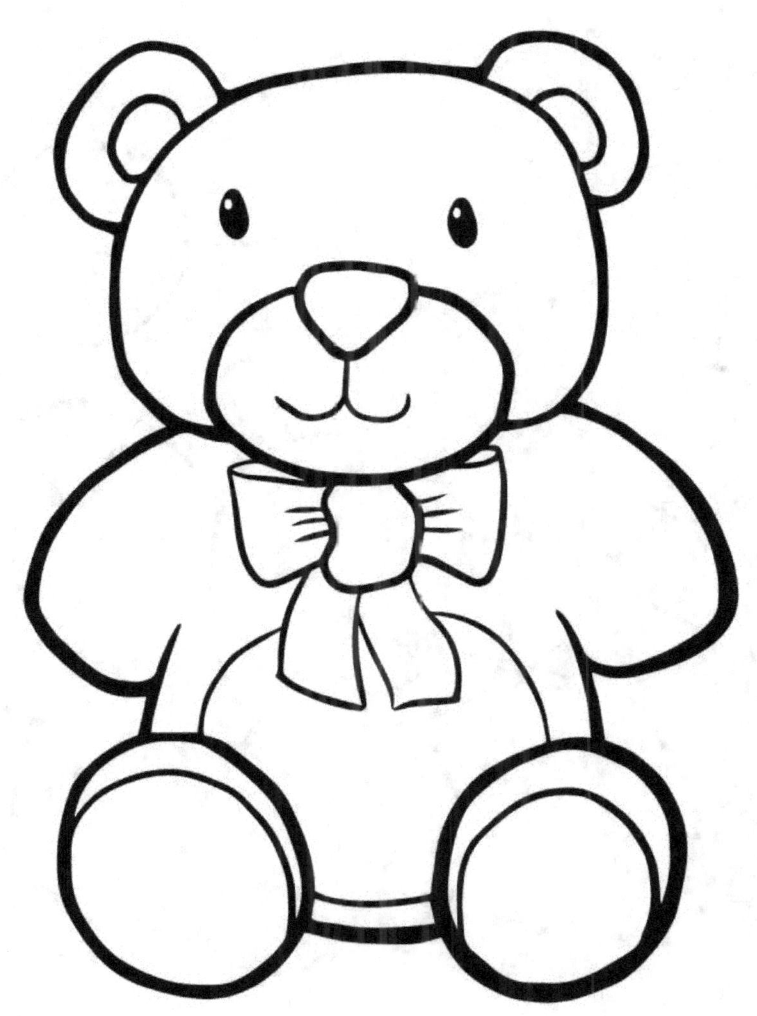

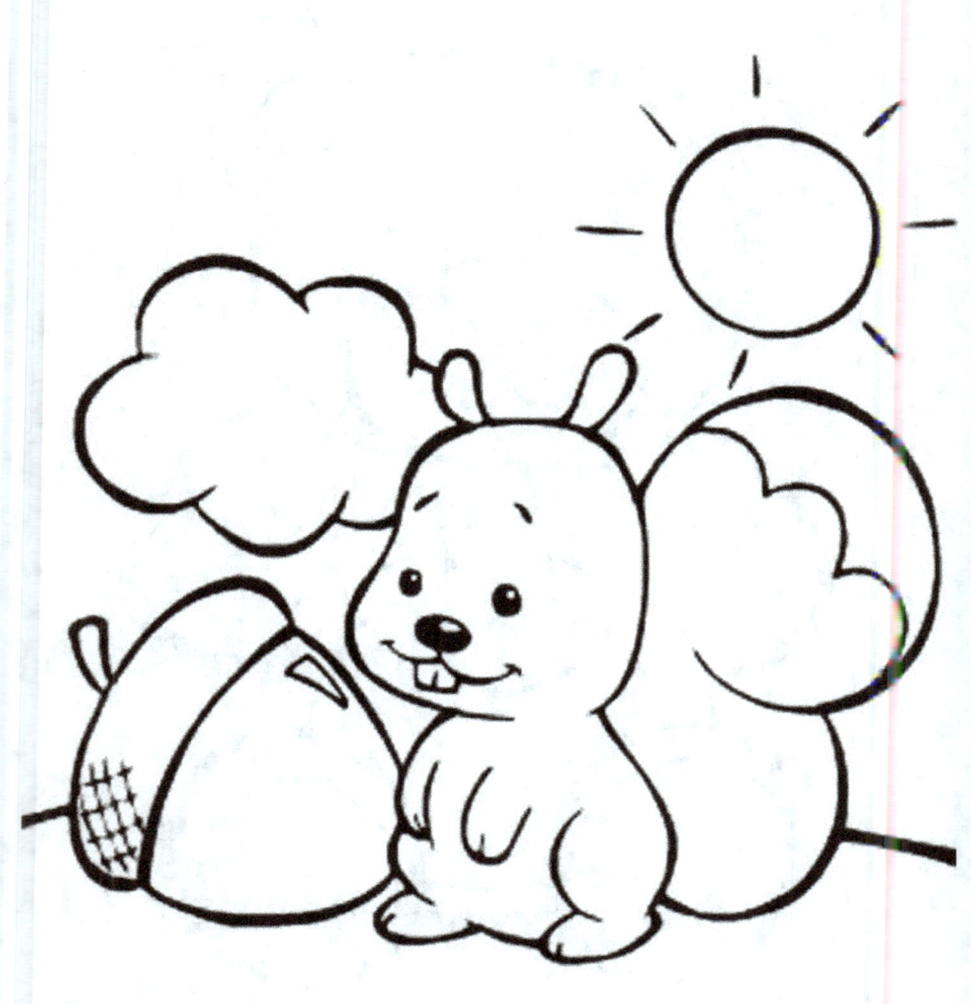

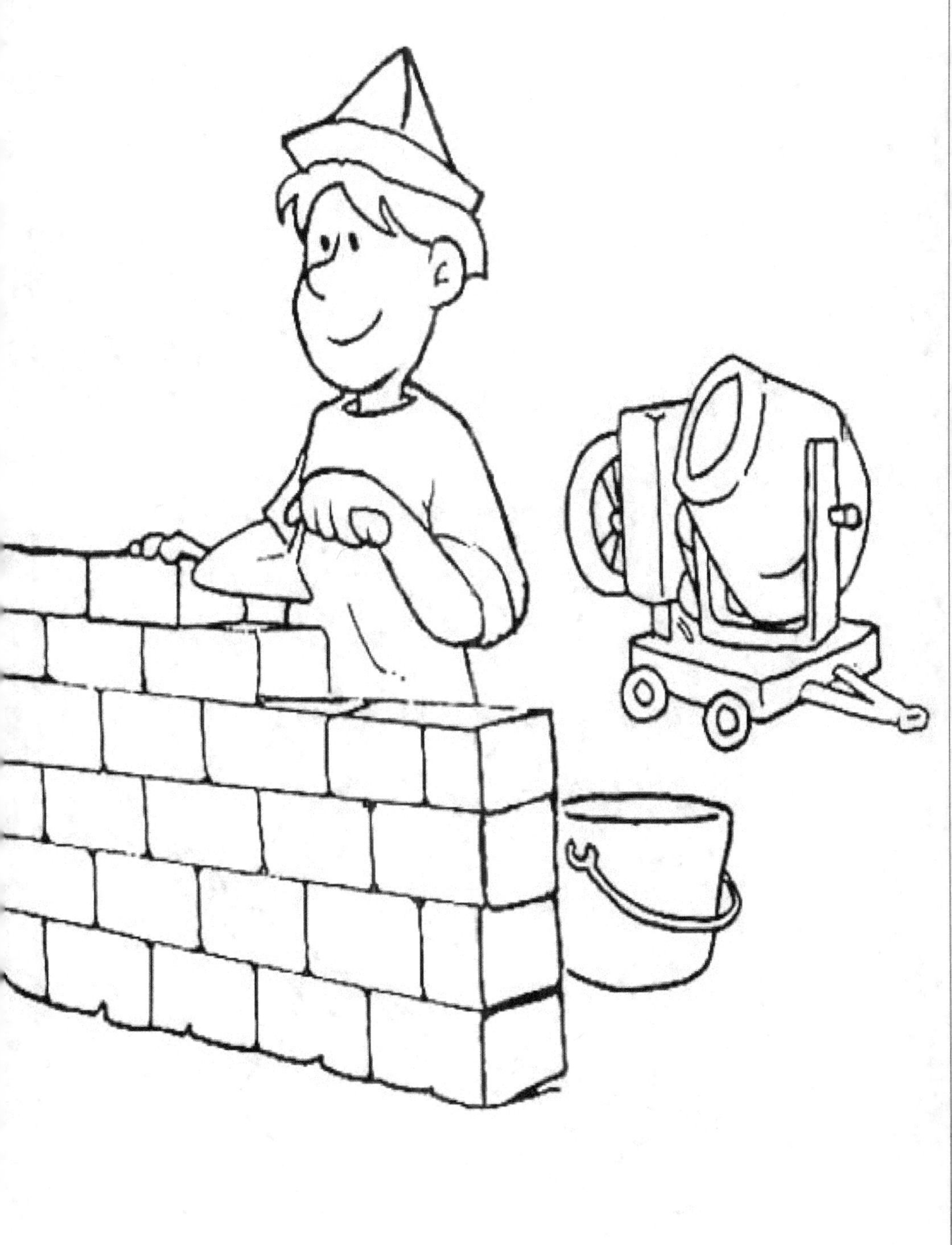

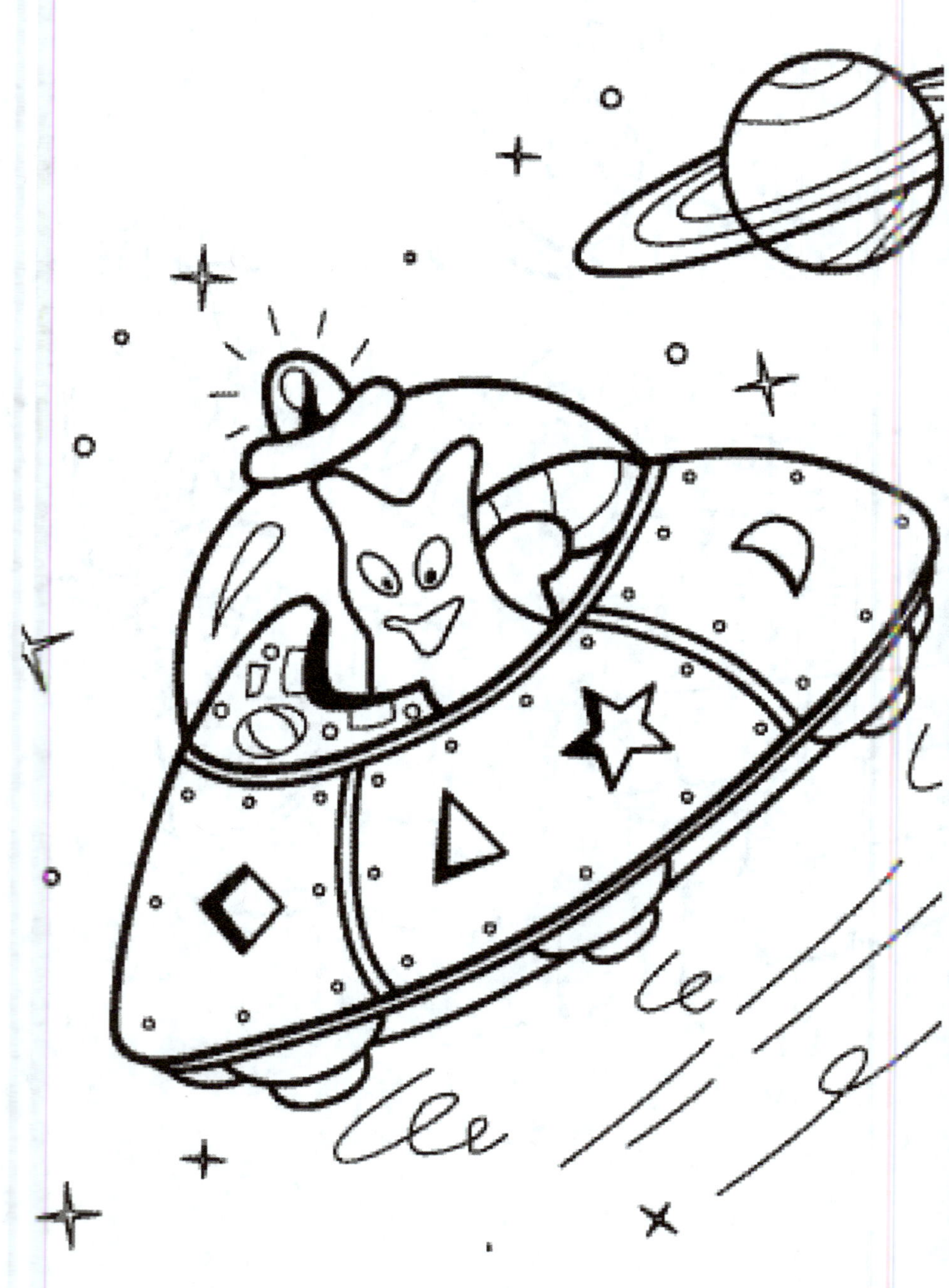

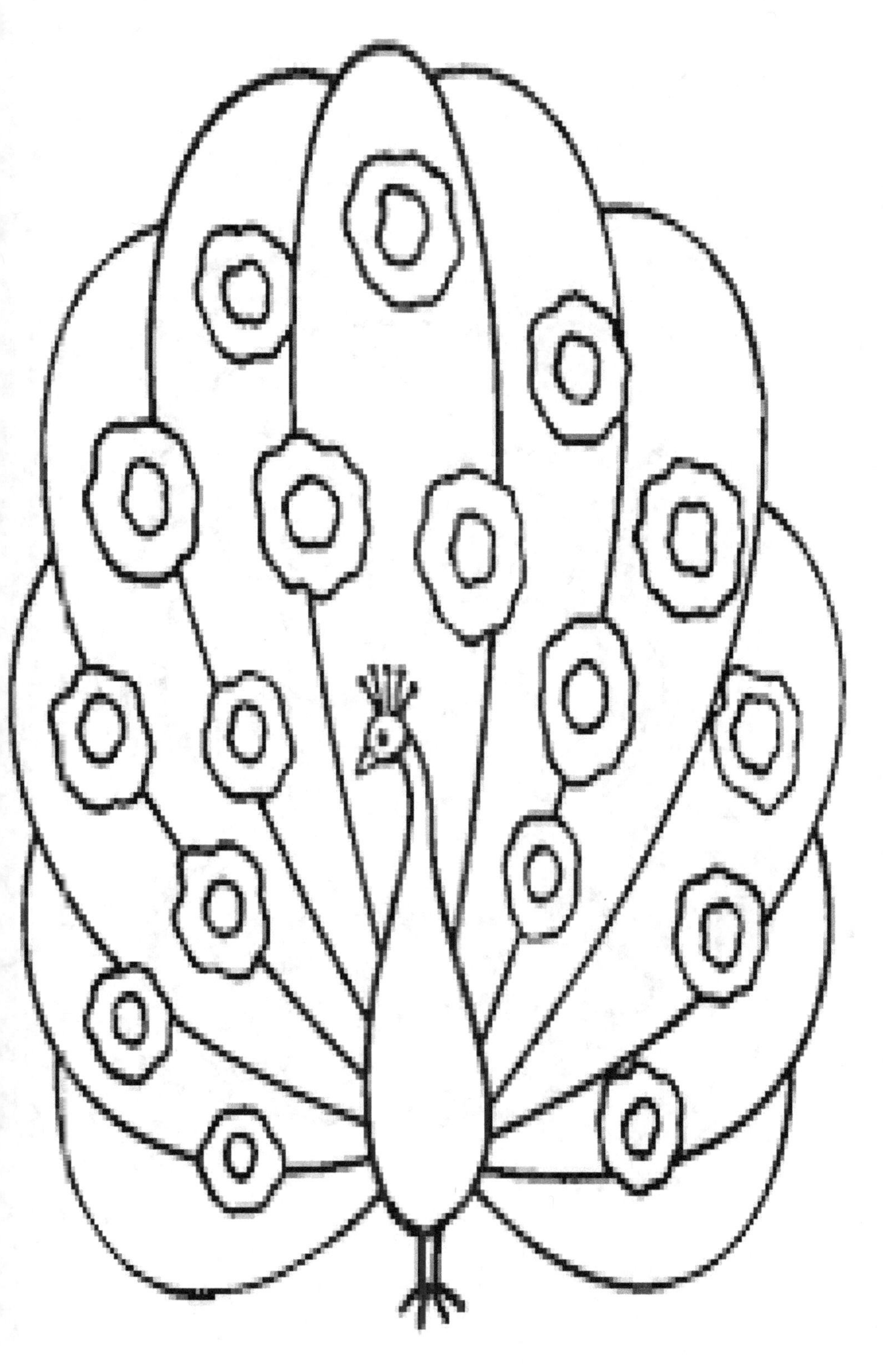

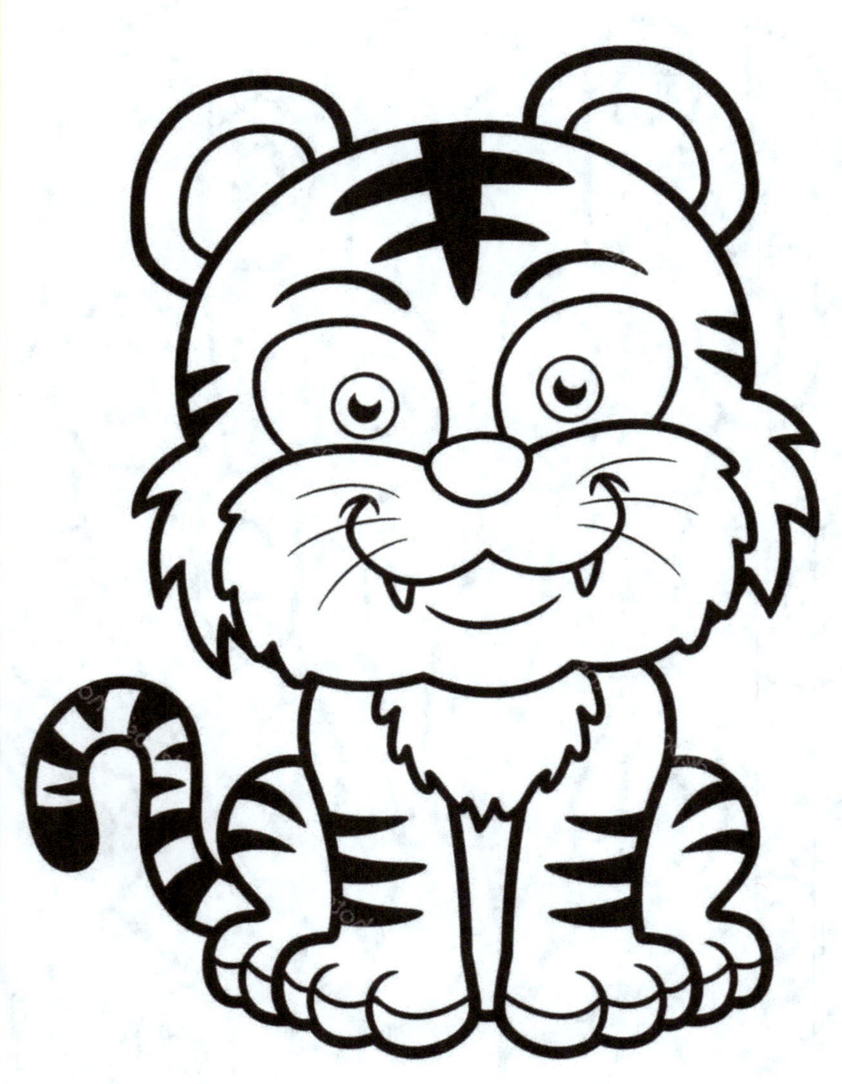

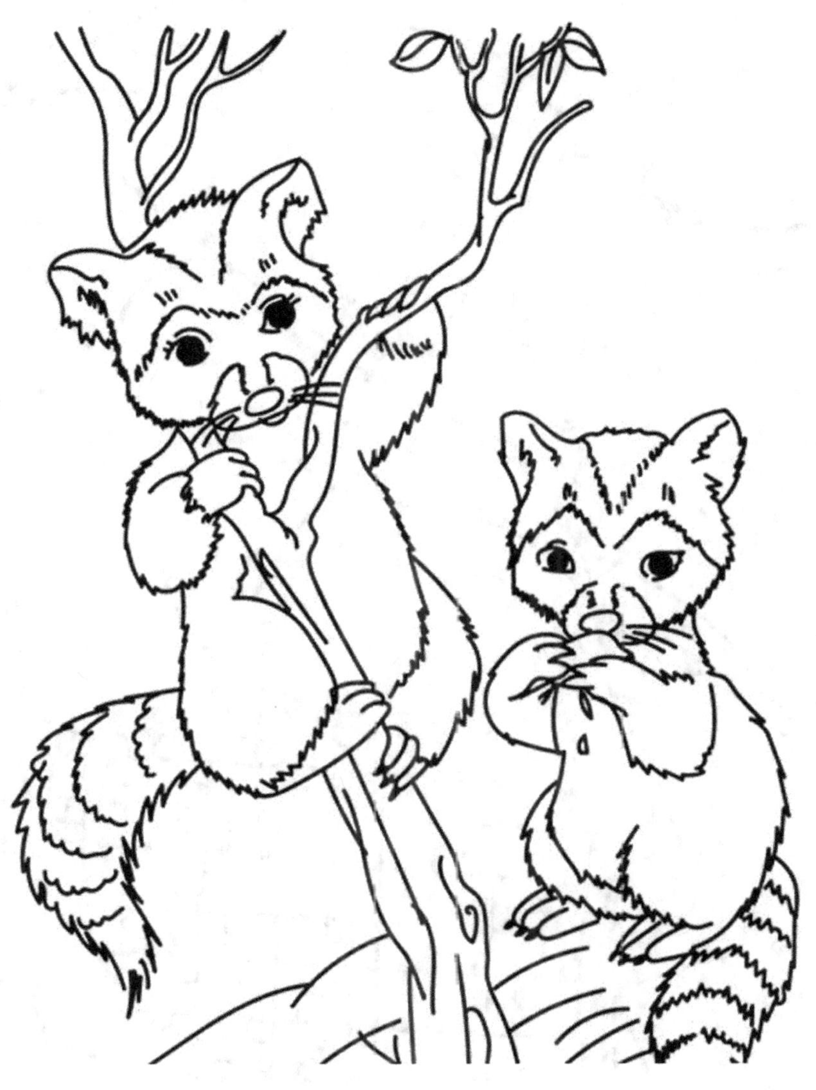

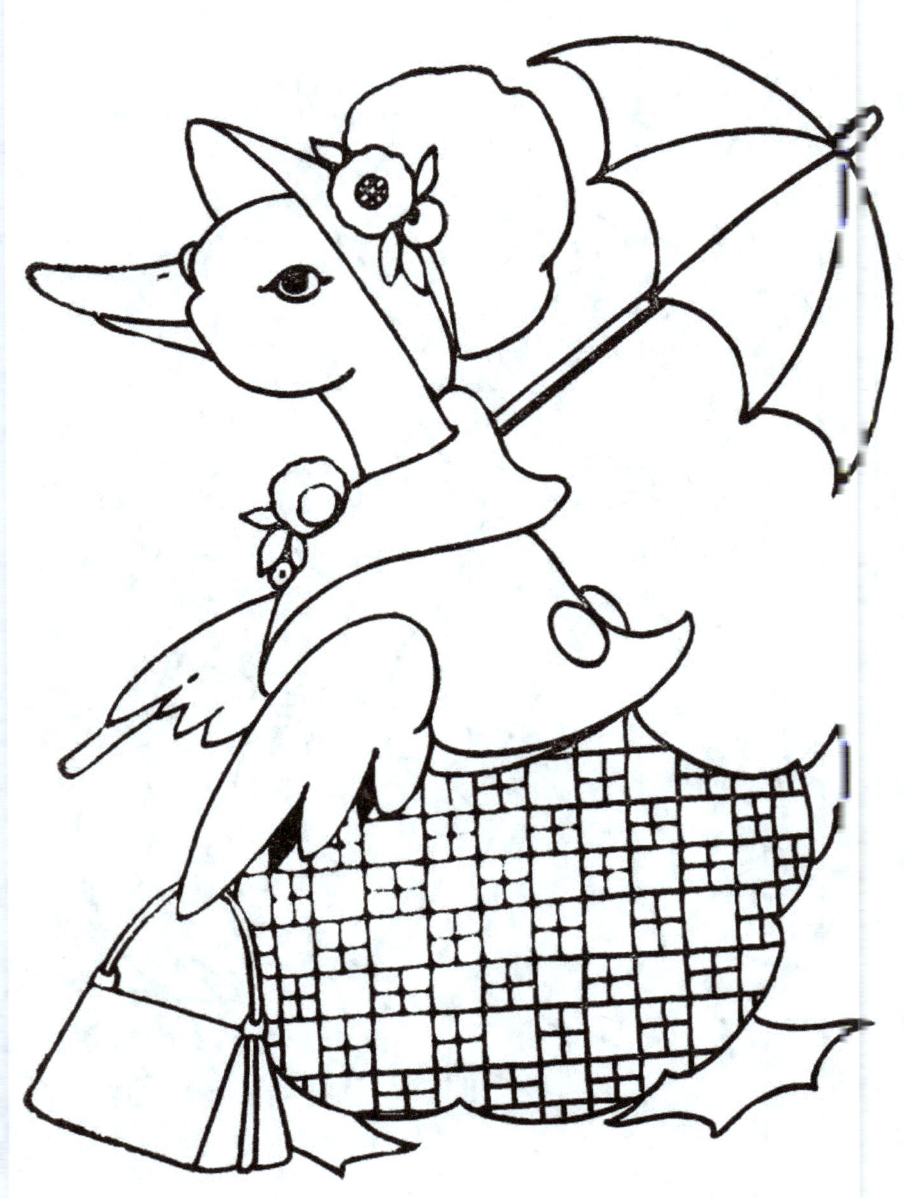

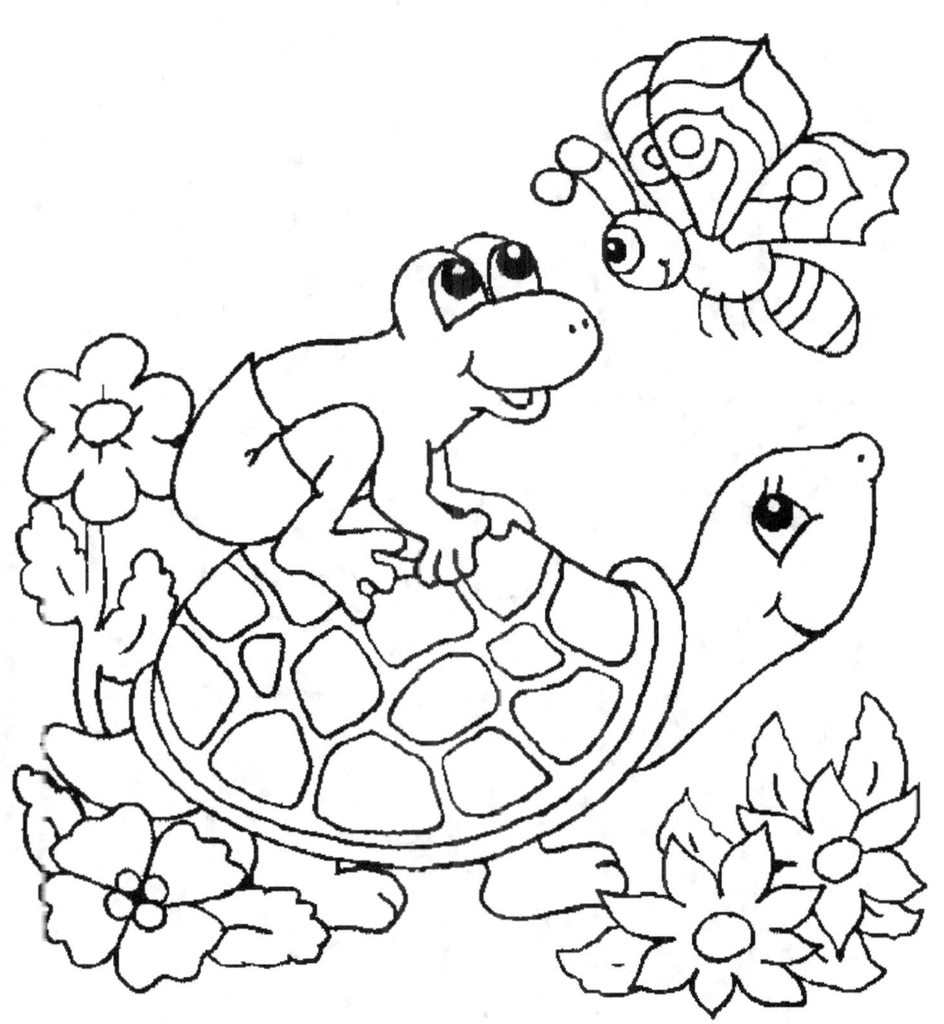

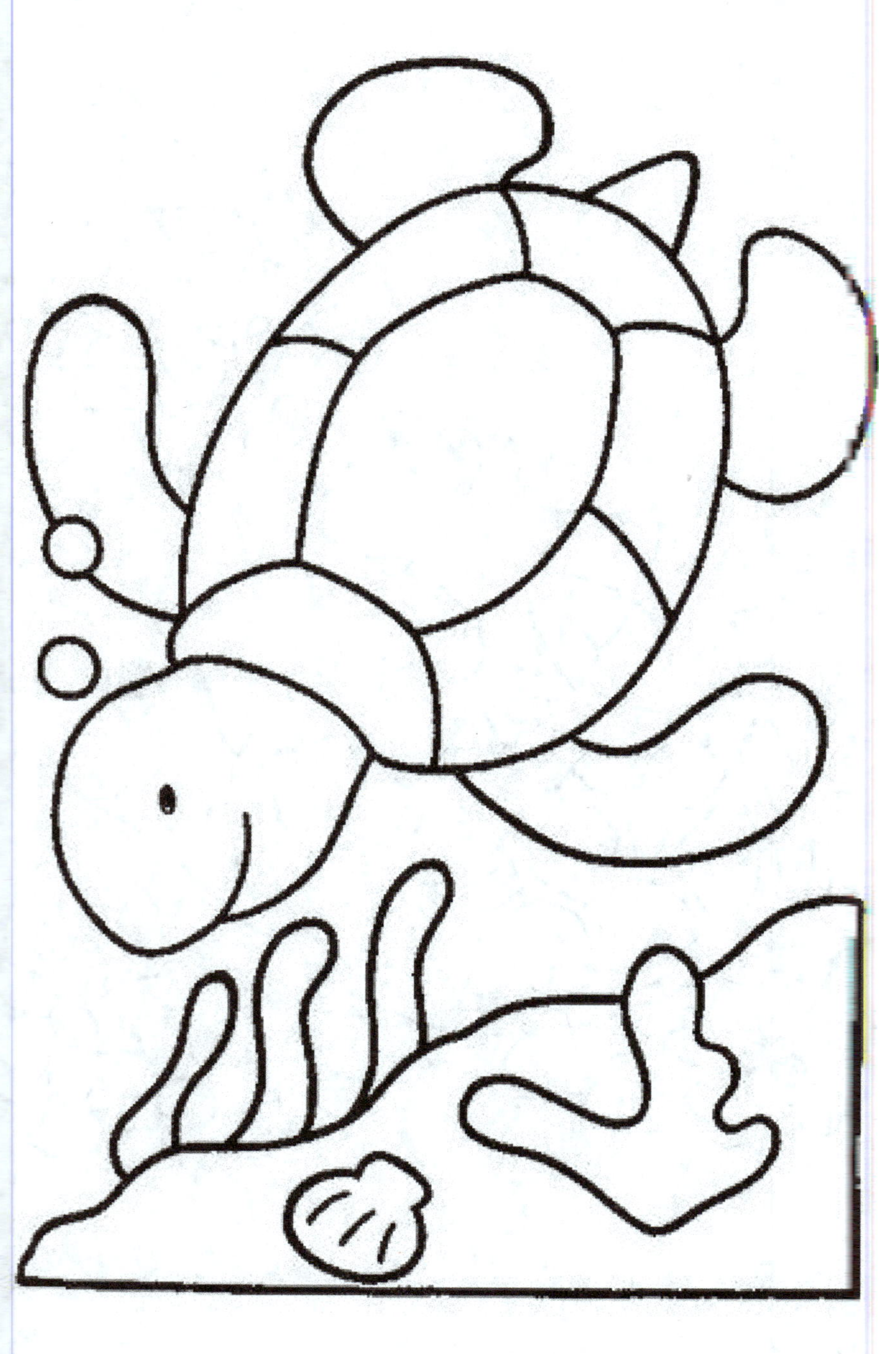

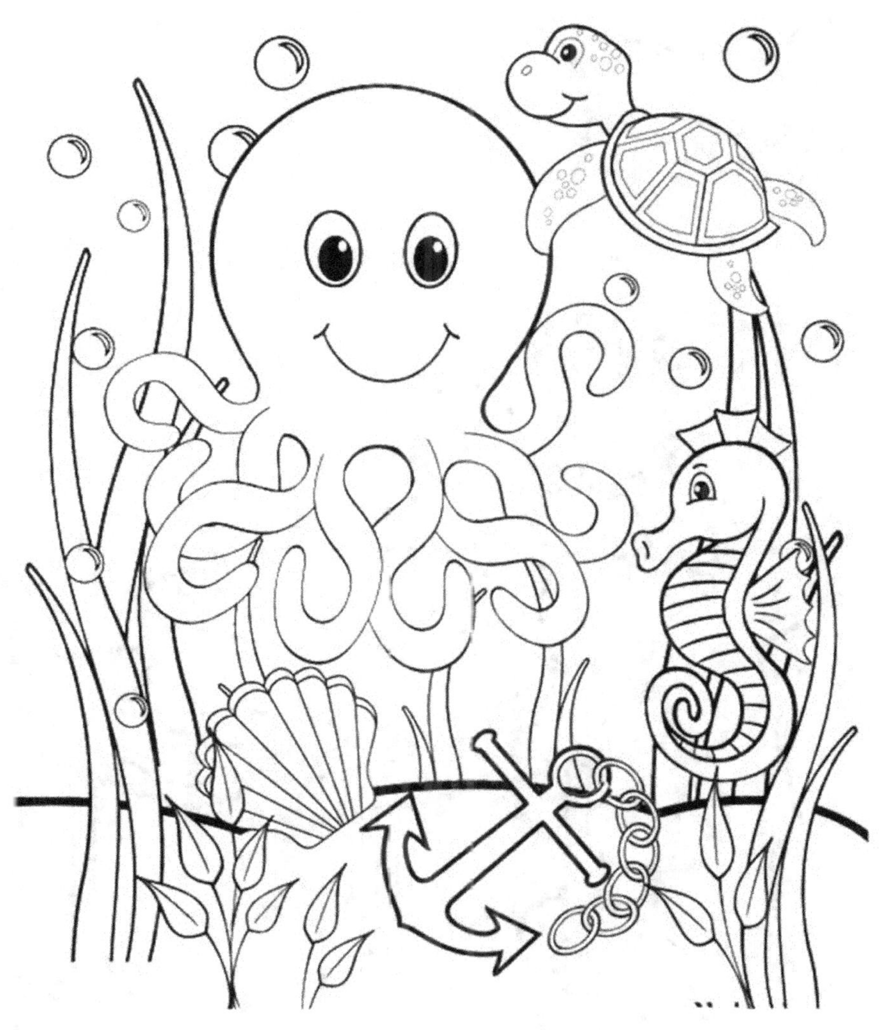

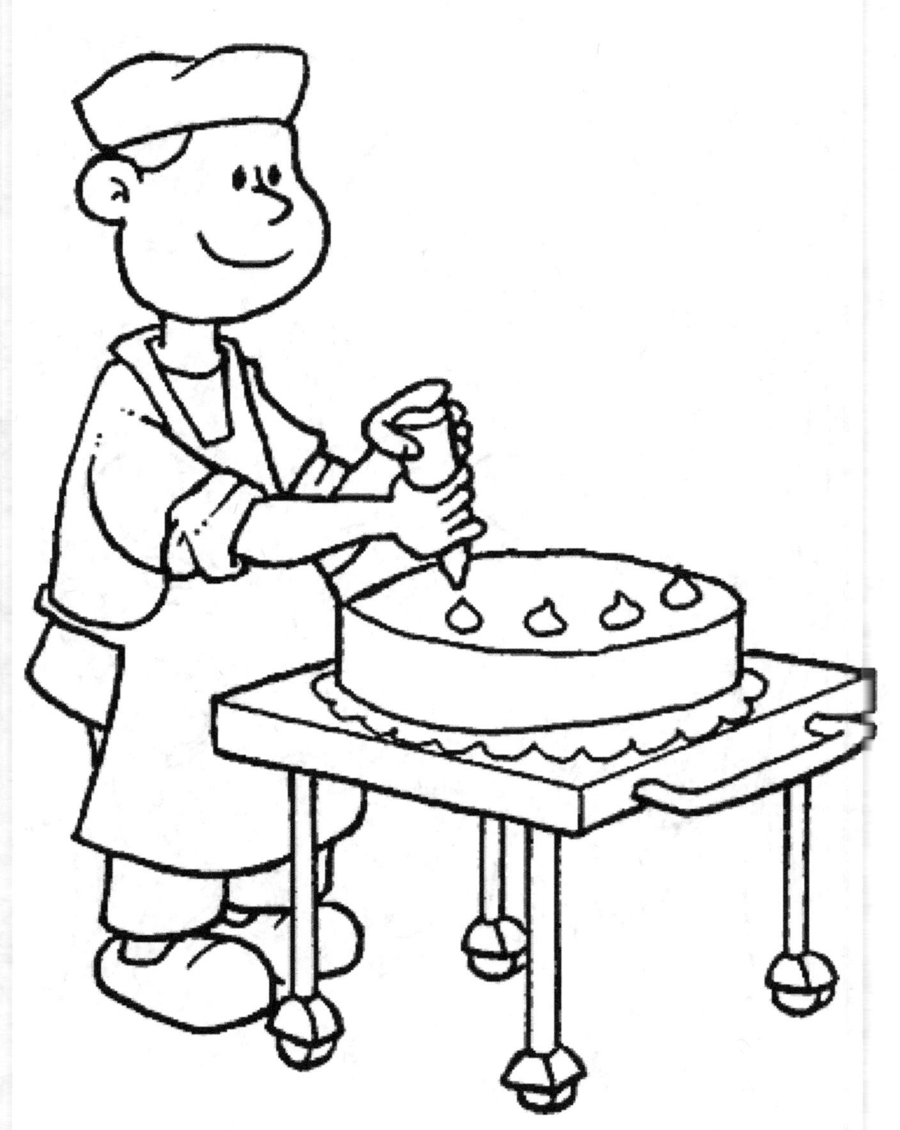

www.ingramcontent.com/pod-product-compliance
Lightning Source LLC
Chambersburg PA
CBHW070904250726
48662CB00003B/1493

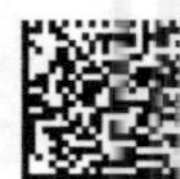

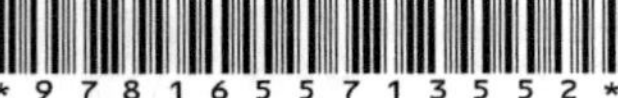